當
物理博士
遇上
巴菲特的
價值投資哲學

Contents
目錄

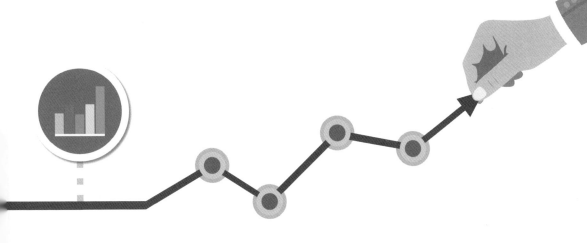

Foreword
前言

2012 年 10 月，我買進人生中第一張股票。沒錯，我的投資資歷至今未滿 6 年，雖然不算初學者，但肯定不是什麼投資專家或達人。

當時我運氣相當好，剛剛進入股市什麼都不懂，開始閱讀投資相關書籍的時候，接觸到的不是「靠著兩條線年賺 30％」這類書籍，而是葛拉漢（Benjamin Graham）的《智慧型股票投資人》這本經典中的經典。在讀完這本書後，即使真正理解不到五成內容，但憑著物理人的直覺，我已經可以確認，價值投資就是正確的道路。

這讓我避開大部分投資人都必須經歷的錯誤嘗試，以及到處碰壁的階段；也沒有浪費時間在看圖說故事，或者整天打探消息，企圖藉此買到飆股大賺一筆。我當時做的事情是鎖定價值投資大師的著作，大量閱讀相關書籍或文章。例如《巴菲特寫給股東的信》、《彼得林區選股戰略》、《巴菲特的勝券在握之道》、《投資最重要的事》、《下重注的本事》以及《非常潛力股》等書，深深著迷於價值投資的深刻洞見之中。

於是我一邊持續大量閱讀學習，一邊實際運用於我的投資，同時我也在臉書開了粉絲專頁：「燈火闌珊處 —— 人棄我取的冷門股投資哲學」，當初主要的用途是當作自己的投資筆記，記錄投資的想法和歷程。隨著我幾乎每天不間斷地寫下投資觀點，至今 5 年多來已經累積大量文章，從中也可以清楚看見自己的成長，以及逐漸成形的投資哲學。由於臉書的平台特性不適合寫下長篇大論，所以幾乎每篇文章都只有短短幾百字，例如：

　　若要說本燈投資的中心思想，那就是以事業主的心態投資。這是本燈投資哲學裡面最核心的思想，所有投資策略都是圍繞這個核心而建立的。

　　例如，如何面對可能持續數年的景氣衰退，甚至持續 10 年以上的景氣蕭條？

　　以此為前提，如果本燈想要創業，一定會選擇受到景氣影響較小，需求比較穩定，產品不容易被取代的事業。然後努力提升護城河，儘可能確保事業能夠穩定獲利。如此一來，當景氣衰退時，本燈不會急著把事業賣掉，也不會因為股價腰斬而覺得虧損或套牢，頂多只是覺得賺得比較少了，但仍舊是獲利的。

　　現在轉換回投資人的角度，也就是要非常謹慎選股，最在意的就是穩定獲利的能力。假設原本每年能夠領到 7% 的現金股息（這個數字不難達到），因為景氣衰退，股利和股價都腰斬，以原來的成本計算，殖利率剩下 3.5%。一般人可能會陷入愁雲慘霧之中，事業主投資人不過是每年分配到的盈餘降低罷了。積極者甚至會在此時大膽投資，等到景氣回溫之時，企業體質與競爭力反而可能更上層樓，獲利會相當可觀。

　　而且臉書其實也不算一個適合當做筆記的空間，我的粉絲專頁裡面記錄著大量類似上面的小段文字，要找出過去自己寫下的文字紀錄相當麻煩。再加上這些文字都是片段地散落在不同時間，如果沒有經過整理，裡面的知識其實也過於雜亂，沒有系統。

　　於是這讓我產生想把這些文字整理成長篇文章的想法，但這個工程實在過於浩大，以至於一直停留在想法階段，始終沒有付諸實行。直到 2018 年 3 月，財經傳訊出版社的方宗廉大哥傳訊息問我是否有意出書？

　　當下我原本想要婉拒，因為自認為算不上什麼投資專家，出書恐怕貽笑大方。但後來轉念一想，這剛好可以驅使我完成那一直想做卻又始終沒做到的大工程，而且有機會出版屬於自己的作品，好像也挺酷的，以後也可以用來與小孩吹噓一番。況且我當時想「材料都有了，應該不需要花太多時間吧？」於是我答應了出書的提議。結果當我真正開始寫書，才發現一切都不是原先想像的那麼簡單！我簡直寫到痛不欲生，心中十分後悔。

　　但既然已經答應，也只能咬緊牙關硬撐下去了。其實這痛苦很大部分是自己造成的，怎麼說呢？首先，因為市面上已經存在太多教大家如何輕鬆獲利的書，我自認無論如何絞盡腦汁也不可能發明更輕鬆的方法，所以本書其實不是提供輕鬆的獲利法，而是要跟大家說：投資並不容易，但如果讀完這本書，你會發現投資很有趣，而且也確實存在穩定獲利的方法，只是他並不輕鬆。

　　另外，市面上也已經存在太多教科書式的投資書籍，我自己沒有必要再貢獻一本，所以我寫作的形式也比較不一樣，不是制式化一步步教大家標準的投資方法，而是有點像角色扮演的電玩遊戲一樣，透過主角的第一人稱視野，有層次地闡釋價值投資的重要觀點，並且提供大量範例，文字也力求活潑。

　　再加上我希望本書能提供讀者閱讀與思考的樂趣，所以內容摻雜遊記、故事、科學以及電影，也有些內容像偵探一樣抽絲剝繭，帶領讀者發掘公司價值，同時還有我自己經歷過的各種高低起伏，希望讓文字有生命。

　　結果就是這些天真的想法把我搞慘了，這讓我想起國中時的工藝課，要自己設計並完成一張板凳。我在設計階段得到滿分，後來進入製作期，才發現那些該死的設計搞慘我了，因為那些板子上面各種漂亮形狀的鏤空，對於一個手拿線鋸的國中生來說，真的非常難實現。

　　但我天生固執，即使上面那些想法使得整個寫作過程困難數倍，但我還是不願意放棄，終於皇天不負有心人，雖然差點寫到往生，但也只是差點而已，現在書已經完稿出版，真心希望它確實有達到我的目的，以後能夠讓我拿來對小孩吹噓一番。

價值投資人＆專職奶爸

巫明帆

第 1 章

價值投資

價值投資的原理是:「在股價遠低於公司內在價值時買進,反之賣出。」乍看之下實在太過簡單,這不就是低買高賣,有什麼了不起的?然而事情絕對不是憨人所想的那麼簡單!

同時,也正因為看起來太過簡單,以至於時常有人誤解或者曲解了價值投資的理念,甚至還有些人會打著價值投資的名號招搖撞騙,實際上做的卻完全不是那回事;還有些人則是時常嘲笑價值投資,認為諸如內在價值、安全邊際以及護城河等概念,都只是不著邊際的幹話。其實這些都是沒有真正理解價值投資,是只見其形卻不解其意。

● 理論物理學家

我是一個理論物理學家。

好吧,我以前是一個理論物理學家。這並不是一個多麼了不起的職業,但也不是自己說說就算數,至少也應該要在國際知名期刊發表過嚴謹的學術論文,才比較能夠被認可。因此,為了獲得這個頭銜,通常我們在學校裡面必須花費非常多的時間,努力學習一些非常專業、現實生活中可能沒什麼用的知識。然後設法完成博士論文,最後努力說服指導教授授與學位,以至於年過三十居然還只是窮學生的比比皆是。更慘的是,坐公車、看電影還不能買學生票,這簡直是對博士生的歧視!

另外,除了自己的專業領域外,我們懂的東西其實不多。例如,我總是把納智捷誤認為是凌志,因為對我來說商標都只是一個 L;也搞不清楚 LV

和 LG 有什麼不同，曾經說出「搞不懂為何女生喜歡 LG 包」這樣的話；看電影的時候，認識的演員非常少，有一次信心滿滿地說，這個演員是古天樂，結果旁邊的友人冷冷地回：他是謝霆鋒。總之，你們只需要知道，這是個挺悲慘的職業就行了。

但理論物理學家也不算一無是處，因為長期的訓練，我們通常很理性，也很習慣獨立思考。後來我才發現，這兩項特質對於投資來說極為重要。
2008 年的金融海嘯，相信經歷過的人應該都印象深刻。我當時還在攻讀博士學位，僅靠著微薄的獎助學金，以及指導教授國科會（現在的科技部）計畫提供的人事費維生，糊口尚且不易，遑論投資股票。

不過由於平時也沒什麼花費，所以我還是努力每個月擠出幾千元，以定期定額的方式投資股票型基金。結果後來全球股市暴跌，我記得有一段時間，幾乎每天都是幾百點的下跌，一點都不會拖泥帶水。當時政府為了不要讓股市跌太快，一度限制每天股價漲跌幅減半，結果從每天跌 7％，變成每天跌 3.5％（2015 年 6 月 1 日之後漲跌幅度放寬至 10％）。這就像一個人從 3 萬 5000 英尺高空墜落，為了不要讓他太快墜地，我們把時間放慢一倍，於是這個人的尖叫聲也會跟著拉長一倍。這個政策到底好不好見仁見智，畢竟有些人喜歡快速撕下身上的酸痛貼布，有些人則寧可慢慢來。

總之，一時間彷彿世界即將毀滅，人心惶惶這四個字早已完全不足以形容當時情景，一開始還有些膽子比較大的人，試圖進場挽救跌勢，成為眾所景仰的英雄，但隨著跌幅持續擴大，這些人也一個個住進套房。於是，每位投資人天天看著股市崩跌，個個面露不可置信的表情，後來更是面如死灰，真的可以用哀莫大於心死來形容。

　　我的基金帳戶當然也不可能倖免，記得最慘的時候，帳面虧損應該達到 -60％左右。雖然情勢如此險峻，但我可以很肯定地說，我當時完全沒有任何恐懼的情緒。當時周遭許多人，無論他們投資什麼標的，都紛紛停損，差別大概只在於是損失 30％，還是 60％而已。我當時則是持續扣款，每天吃飯睡覺做研究，完全沒有任何不同。後來全球股市紛紛反彈，而且速度也是快得驚人，2009 年底，台灣加權股價指數已經從最低不到 4000 點，上漲了一倍，來到 8000 點，而我的基金投資也獲得了 50％左右的報酬。

　　後來朋友間聊天，有人問我到底做了什麼，才能在金融海嘯之時，不但沒有虧損，反而賺了 50％。**其實答案不在於我做了什麼，而是我沒做什麼。我當時沒有整天盯著新聞，企圖搞清楚到底發生什麼事；沒有四處尋求投資建議，逢人就問到底該不該停損。最重要的是，我沒有恐慌，而這一部分要感謝我的父母，把我生得神經如此大條。**

　　另一部分則是要感謝長年的理論物理訓練，讓我面對問題的時候，總是能保持理性和獨立思考的習慣。當時我在投資基金的時候，就已經思考過，我買的是分散投資的台灣股票型基金，基本上表現不會和整體指數差太多。指數雖然會上下起伏，但是我透過定期定額的方式，長期來說會買在平均價，所以我只要持續扣款，當指數漲至某個高點，我的基金理應會有合理報酬。

　　所以我的策略就是停利不停損，當指數下跌的時候，雖然帳面虧損，但我卻可以累積更多數量，算是輸了面子實際上卻贏了裡子。指數上漲時，情況剛好相反，帳面會呈現愈來愈好看的獲利數字，但花相同的錢，能買到的數量卻愈來愈少了，這時候便是贏了面子實際上卻輸了裡子。如果指數持續上漲，當達到我設的停利點之後，我就會全數贖回基金，獲利了結。這就是當時早已擬定的投資策略，既然如此，遇到股市大跌又有什麼值得

擔心的呢？

　　所以說，正是因為我當時什麼都沒做，才能取得這個令人滿意的結果。這個例子雖然是投資基金，不是股票，但其實日後我投資股票的時候，面對股市下跌的心態和策略，基本上還是一樣的，在後面的章節還會有許多實例。畢竟怕熱就不要進廚房，股票哪有只漲不跌的。

● 與股票結緣

　　順利取得博士學位之後，下一個人生關卡就是服兵役。和大部分男性一樣，對我來說，服兵役實在是浪費生命。對某些人來說，服兵役甚至比被通緝更可怕。當時載我們上成功嶺的巴士，途中停靠苗栗三義休息站吃午餐。那是一個很小的休息站，給我的感覺就像古裝劇裡面，出現在荒郊野外的一家小店，附近都是樹林和草叢。

　　吃完午餐要繼續上路的時候，居然就有役男憑空消失了。車上的眾役男聽見這個消息都面面相覷，似乎是在想：「我怎麼沒想到這招？」我當時則是在想，他究竟能躲在哪裡，會不會就藏身在附近某個草叢當中？但是顯然尋找中途消失的役男不在規劃的工作裡面，所以司機和車掌小姐只是繼續預定行程，前往下一個景點——成功嶺。

　　我的內心深處其實也很想逃兵，只不過我選擇了另一種比較婉轉的方式。為了能夠儘可能不要完全浪費這一年，我用專長申請替代役，因此只要完成成功嶺的新兵訓練，接下來我都會在桃園某政府機關服務。這樣一來，至少每天下班之後，我就有時間充實自己，而且還週休二日。

當時我迷上中醫，我幾乎把所有可以利用的時間，都用來自學中醫，「上工治未病」這個臉書粉絲專頁就是我在那個時候成立的。當時我還在持續定期定額、並且維持停利不停損的策略投資基金。但是因為服兵役的收入更加微薄，無論我再怎麼省吃儉用也很難再擠出資金每月投入，然而當時帳面還處於虧損，我實在不願意在這個時候停止扣款，這樣會整個打亂我的投資計畫。

於是我硬著頭皮持續扣款，過去帳戶裡面辛辛苦苦累積的一小筆資金，我只能眼睜睜看著它一點一滴的減少，結果最後實在撐不住了，還是只能認賠將基金贖回。

這又讓我學到一課，**無論任何投資策略，現金流一定要好好規劃，千萬不要走到被迫賣出的地步，尤其如果被迫賣出之後股價卻開始大漲，那更是加倍痛苦**。雖然損失的絕對數字並不多，但那段時間內心還是相當煎熬，我甚至一度把這個損失也算在可恨的服兵役這件事情上。不過現在回頭看，當時只繳了那麼一點學費，就讓我深刻地學到這寶貴的一課，想想還真是划算。

當時單位裡面有一個長官和一個同梯在玩股票，他們兩個因此時常聊這個話題。一開始我並沒有什麼興趣，後來又來了一個玩股票的學弟，他也時常私下跟我聊股票，結果久而久之，居然也引起我的興趣了。有一次，他們又在聊股票，我則插話說：「我也考慮過投資股票，但是現在實在沒有資金。」長官則回答：「其實買股票不需要多少資金，你看一張華映（2475）才多少錢，難道它不是好公司嗎？（後來我才知道它真的不是什麼好公司，哪一個正常人看到華映的獲利能力，股價只剩2元，還會認為這是一家好公司？但當時我並沒有概念。）」他接著又說：「我現在買股票很少用現金的啦！」

現在7年過去了，我發現他當時教給我的，真的是非常糟糕的方法，

還好我從來沒有照做。第一，不是熱門產業裡面有名的公司就是好公司，從他當時的語氣聽來，他似乎是這樣認為。不過不可否認，我當時也以為大同（2371）是好公司，因為我覺得大同電鍋很好用，而且我小時候很喜歡大同寶寶。我現在知道，大同寶寶很可愛，不代表大同公司也很可愛，除非你喜歡看到盈餘的長條圖都是往下長的。

第二，融資買股從來不是一個好主意，不但成本很高，更糟糕的是，會讓人不可避免地陷入短進短出漩渦當中。在這種情況下，人通常會失去理智，因為只要買進的股票沒有上漲，就等於每天都在虧錢，於是就會去追逐熱門且近期股價表現強勢的股票，換句話說，也就是「追高」。另一方面，如果股價下跌，那情況就更加險峻，因為可能會被券商要求追加保證金，甚至面臨斷頭風險。結果通常不是自行停損了斷，就是券商強制賣出幫你了斷。這讓我不禁想起一則古老笑話：

有兩個探險家去非洲探險，碰到了專門吃人的部落，被抓了起來。酋長問第一個探險家道：「你要阿魯巴，還是要死？」

第一個探險家面如土色，心想，怎麼都比死好吧？他顫抖著說：「我要阿魯巴。」酋長點了點頭，吩咐：「把他拖下去阿魯巴10次。」

於是4個族人抓住了第一個探險家的四肢，用力將他跨下的部位撞向一根柱子，一連撞了10次。

看到第一個探險家口吐白沫，痛不欲生的樣子，第二個探險家臉都綠了。

酋長問他道：「你要阿魯巴，還是要死？」第二個探險家視死如歸地說道：「我要死！讓我死吧！」酋長點了點頭，吩咐道：「把他拖下去，阿魯巴到死。」

　　自行了斷就像是被阿魯巴 10 次，券商強制賣出就像被阿魯巴到死，無論是哪一種情況，常常都會賣在相對低點，也就是所謂的「殺低」。殺低非常痛苦，因為不但要承受虧損帶來的傷害，之後一旦股價反彈，還要再承受悔恨所帶來的二度傷害。然而更諷刺的是，如果仔細思考，其實造成現在必須殺低的原因，正是當時追高種下的。

　　由於追高容易買在股價相對高點，一旦走勢反轉向下，很容易就住進套房。這時候由於是融資買股，對投資人來說簡直度日如年，一旦股價下跌太多，立刻面臨前面提及被迫殺低的處境。投資人很可能根本還沒有搞清楚狀況，就已經不自覺地完成一次漂亮的「追高殺低」絕招。一般人時常聽到散戶容易追高殺低，如果還融資買股的話，我估計追高殺低的機率可能會暴增 3 倍以上，所以<u>我給一般散戶投資人的第一個忠告就是：「千萬不要融資買股！」</u>

　　談完了玩股票的長官，再來聊聊玩股票的同梯。在單位裡，我的座位剛好在這位同梯的正後方，所以我可以清楚看到他的電腦螢幕。只要是台股開盤時間，螢幕上幾乎總是雅虎奇摩股市。我當時內心相當佩服他過人的勇氣：「他都不怕被送回成功嶺關禁閉嗎？」同時也很好奇他是否就是傳說中每秒鐘幾十萬上下的大戶，否則為何需要時時緊盯股價走勢？另外，對他來說不知道這份工作是否太過輕鬆？否則很難想像一邊盯著股價一邊工作，這樣如何能做好工作？

　　後來我自己開始投資之後，對於投資人總忍不住盯盤這個行為，有了更多的體悟，我發現這是大部分人的通病，連我自己也不例外，一旦買進股票之後，就會希望股價立刻上漲，於是時時關注股價變化。但是只要靜下來稍微想想，就會知道這個行為真的是有百害而無一利。

　　許多人時常只注意看得見的成本，而忽略看不見的成本，但很多時候後者影響其實比前者更大。例如，投資人時常只把投入的資金視為成本，事實上，那只是投資人成本表上的一小部分，其他還有投入研究的時間成本、比較眾多標的之間的機會成本以及時常查詢股價所衍生的其他成本等。其中，最大的成本來自心繫股價。一旦心繫股價，隨著程度不同，投資人很可能會影響日常生活中的一切。

　　例如，有些人工作時無法控制頻頻查看股價的衝動，因而影響工作效率，嚴重者甚至可能因此丟掉工作；另外，有人白天關注台股，下午關注歐股，半夜再追蹤美股，彷彿事業已經橫跨歐美亞三大洲，這樣辛苦犧牲睡眠，換來的卻只是兩個大大的黑眼圈；有些人遇到股市大跌時，情緒會劇烈波動，不但賠了金錢，甚至還賠上身心健康，這些都是比金錢的損失還要重大的成本。

　　其實，只要稍微靜下心理性思考一下，就會知道一家公司的營運，不太可能在短短的幾天之內有什麼重大變化，既然如此，又何必在意短期的股價波動呢？只可惜大部分人買進股票的時候，心裡只有一個想法──以更高的價格賣出去，可能根本沒想過其他事情，甚至連公司經營什麼業務都不清楚。在這種情況下買進股票，因為完全不了解公司的價值在哪裡，自然容易陷入時刻心繫股價的漩渦而無法自拔。

　　現在，想像自己正經營一家公司，你一定會努力削減成本。那麼，在投資這個專案上，應該如何削減成本呢？答案應該很清楚，只要能不受股價影響，做到「手中有股票，心中沒股價。」就能輕鬆節省成本圓餅圖上最大的那一塊了。所以我給投資人的第二個忠告就是：「不要在意股價短期波動！」

　　至於那位玩股票的學弟，我在他身上當然也學到不少寶貴的知識。有一次他告訴我：「炎洲（4306）配股非常大方，等於買 5 張就送 1 張，已經連續漲停好幾天了。」我當時聽了真是心嚮往之，一天就賺 7％，而且買 5 張股票就送 1 張，這種事簡直好的不像是真的。後來我才知道，配股會膨脹股本，如果獲利沒有跟上，每股盈餘就會下滑，對投資人來說不見得是好事，更別說還不見得能夠填權息。

　　果然天底下沒有白吃的午餐，「如果一件事好的不像是真的，那通常就不是真的。」謹記這句至理名言，可以避免許多受騙上當的可能。真正重要的是公司前景，不是短期股價，也不是配股配息是否大方。如果各位去看看炎洲 2011 年以來的獲利數字，應該就會了解我的意思。

　　右頁圖顯示炎洲 2010 ～ 2017 年 EPS 和月均價走勢，該公司 2011 年 EPS 4.7 元，隔年只剩下 1.1 元，2016 年更是陷入虧損。2012 年 3 月 28 日董事會通過前一年的配息政策，每股配發現金股利 1 元，以及股票股利 2 元，假設某位投資人在隔天以開盤價 28.2 元買進，並持有 1 年，還原權息之後，他將虧損 13％。

　　如果他自詡是一位長期投資者，持有 5 年之後，他將虧損 18％。公司配發高額股票股利，讓投資人手上的股票變多了，但是每一股的價值卻愈來愈低，買進這樣的股票，就像拿一張千元大鈔，買進兩張百元大鈔，荷包變厚了，但是人卻更窮了。當公司前景每況愈下，無論公司配股配息多麼大方，持有愈久只會損失愈大，相信在 2011 年買進宏達電並持有至今的投資人，一定會非常認同。

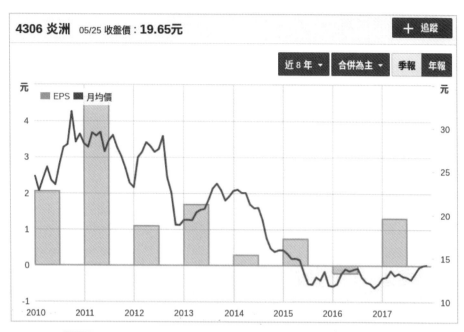

圖 1-1 炎洲（4306）歷年 EPS 與月均價（2010 ～ 2017）

資料來源：財報狗

　　以上三位，長官、同梯和學弟，雖然不能說是非常正面的教材，但他們勾起我對於股票投資的興趣，讓我在當時懵懵懂懂的情況下，與股票解下了不解之緣，現在回想起來，也算我的貴人。

● 智慧型股票投資人

退伍的隔天，我就前往位於新竹市的國立交通大學電子物理系報到，開啟我的博士後研究生涯，這也是我人生當中第一份正職工作。由於我天生就是一個急性子，幾個月前在我心中種下股票投資的種籽，現在早已長成大樹，我迫不及待想進入股市大顯身手了。現在只剩下一個小問題，那就是我完全不懂如何投資股票。

不過這點問題顯然阻止不了一個興沖沖的物理學家，我想立刻到圖書館找幾本相關書籍來自學。結果關於投資的書籍，居然有十幾個書架那麼多，我只好憑物理人的直覺（其實就是看書名和包裝）挑了幾本，回家之後就開始一一閱讀。

老實說，我現在已經完全想不起來當時讀了什麼書了，無論是書名、作者還是內容，完全沒有任何印象。我只記得其中一本書提到「葛拉漢」這個名字，以及他的著作《智慧型股票投資人》。對我來說，這書名真是取得太好了，因為我一直以來都期許自己能夠成為「有智慧」的人，而不是「智商高」的人。我認為天才如牛頓者，或許智商很高，但卻不見得有智慧；有智慧的人並不需要擁有高智商，智商無法強求，智慧才是真正應該追求的。

於是我二話不說，立馬上博客來網路書店訂購一本。在我買的那個版本裡，首先看到一篇只有短短一頁的序，底下沒有署名，但顯然不是作者自序，因為內容有這麼一小段文字：「對我來說，班哲明・葛拉漢（Benjamin Graham）不僅是一位作家與導師而已。除了我父親，他是影響我一生最大的人。」後來我才知道，原來這篇序是巴菲特（Warren Buffett）寫的，我當時雖然不認識葛拉漢，但股神巴菲特我還是聽過的，他在我當時的心目中，形

象就像賭神高進一般，既然連巴菲特都極為推崇，那想來葛拉漢必定是位大師級的人物了，我的運氣真是不錯！

接下來是引言，作者用來說明本書的宗旨。一般來說，這部分不過是作者簡單說明一下為何要寫這本書，通常我並不特別期待會有什麼驚奇的發現。結果我大錯特錯！短短的幾頁引言，竟然讓我經歷了此生最激動的時刻。尤其是下面這兩句話：

評估所支付的價格與所獲得的價值兩者之間的關係，是投資行為中極為珍貴的特質。

我還記得當時讀到這兩句話，雙手幾乎顫抖，彷彿可以聽到內心不斷喊著：「就是他了！就是他了！」我簡直就像范進中舉一樣樂昏頭了，只差沒有到大街上大喊：「噫！我中了！」這兩句話其實就包含了所有價值投資的一切，作為一名理論物理學家，讓我用條列的方式重新敘述如下：

一、每一家公司都有其內在價值；

二、在價格遠低於內在價值時買進，反之賣出。

這就是價值投資。非常簡單，而且非常優美，對我來說，這簡直就像是歐式幾何裡面的公理一樣：是不證自明的。大師不愧是大師，短短兩句話，立刻讓人豁然開朗。5 分鐘前我還對於投資完全沒概念，5 分鐘後我覺得我完全了解投資是怎麼一回事了，其實就是一般人常說的買低賣高，而**價值投資的重點就在於告訴我們何謂高、何謂低，高於內在價值即為高，低於內在價值即為低。**

這讓我立刻明確方向：只要把心力放在學習如何評估一家公司的內在價值即可。因此我從來沒花過任何一秒鐘在其他不相關的事情上面。例如，我從來沒有去了解過技術分析，從來不知道什麼是 K 線，我也從來都不理會外資法人都買些什麼股票，因為這些事情都和公司的內在價值無關。

一家公司不會因為技術線型出現了什麼交叉，就突然變得更有價值，也不會因為外資賣出就變得沒價值。這些體認讓我避免在學習路上像無頭蒼蠅般，不斷嘗試錯誤，不斷繳交學費給市場的痛苦經歷。巴菲特評論過：「一個人如果無法在 5 分鐘之內接受葛拉漢價值投資的概念，就永遠不會接受他。」我很慶幸自己通過了這個著名的 5 分鐘測試。當然，這不代表我已經夠格自稱為投資專家了，就好比懂得牛頓的萬有引力定律，也不代表就能夠準確計算出天體運行的軌跡一樣，只能說我剛剛踏進了價值投資之門。

繼續往下看，第一章開宗明義定義了「投資」兩字：

投資行為必須經過透徹的分析，確保本金的安全與適當的報酬。不符合上述條件的行為即是投機。

這對我來說非常重要，身為一個物理學家，任何事情都需要定義也是合情合理的（突然覺得有點悲哀）。如果沒有明確定義，我將永遠不知道何謂投資，更遑論發展出一套適合自己的投資策略，以及屬於自己的投資哲學。自那時候起，我的投資便完全遵照這個定義，這個定義雖然只有短短兩行字，但卻像茫茫大海裡的一盞明燈，指引著我，讓我避免迷失方向。我強烈建議所有投資人都應該牢記。現在，就讓我用物理學家的角度，試著解釋這兩句話吧。

　　首先，投資人必須先確保本金的安全。巴菲特說過：「投資的第一條準則是不要賠錢，第二條準則是永遠不要忘記第一條！」避免虧損非常重要，假設你持有的某檔股票股價下跌 50％，那麼接下來必須上漲 100％，才能夠回到原始價格，這是十分困難的事情。所以如果想要獲利，其實要先想著不要虧損。

　　然而，如果只是確保本金安全，還稱不上投資，否則只要把錢存進銀行就可以了。在確保本金安全的前提下，投資人還應該確保獲得適當的報酬。請注意，不是極其優渥的報酬，也不是微不足道的報酬，而是「適當」的報酬。追求過高而不合理的報酬，很容易淪為投機，甚至賭博，最後當然是達不到。然而如果只要求微薄的報酬，則可能追不上通貨膨脹，造成實質購買力降低，連投資最基本的目的都無法達到。

　　何謂「適當」呢？我認為消極者至少應該要求維持購買力，積極者則可以試著追求優於全體投資人所獲得的平均報酬，也就是一般人所謂的戰勝指數，以台股來說，我們參考的指數是台灣證券交易所編製，計入股息的「發行量加權股價報酬指數」，這個指數可以上證交所網頁查詢。我們計算年末的指數相比年初上漲或下跌多少，然後再和自己投資報酬率相比，就可以知道自己在當年度是否戰勝大盤指數。當然，1 年的績效不具參考價值，至少必須統計 5 年以上，看看累積的報酬率是否超越大盤，才比較能客觀反映自己的投資績效是否良好。

　　那麼，要如何才能同時達到確保本金安全以及適當的報酬呢？答案是唯有經由透徹的分析才可能辦到。投資人對於某項投資分析做得愈透徹，就愈有能力確保本金安全與適當報酬。換句話說，分析的目的有二，一是確保本金安全，二是確保獲得適當報酬，而無論是確保本金安全，還是確保適當報

酬，關鍵都在於了解被投資公司的價值，這才是我們應該專注的方向，而不是其他人都買了什麼，或者過去股價上漲或下跌多少。這就像是一個指引，只要記得上面兩個目的，自然能夠讓投資人在做投資分析的時候不容易迷失方向。

最後，許多人時常分不清楚投資和投機的差別，這裡葛拉漢用斬釘截鐵的語氣，說明只要不符合以上投資的定義，全部都是投機。當然，投機並不違法，也沒有違反任何道德，這裡並沒有指責投機者的意思。只是要強調，千萬不要搞不清楚自己到底是在投資還是投機，**天底下最危險的事情，除了吸毒和飆車之外，大概就是自以為投資的投機**，因為這種情況下，你以為自己是在投資，承擔的風險很小，但其實你是在投機，承擔的風險很大卻不自知，一旦慘劇發生，受到的傷害可能會相當大。

2016 年爆發的樂陞案就是最好的例子，以下文字引用自 2018 年一審宣判時《自由時報》報導：

樂陞前年 5 月底股東會臨時宣布，百尺竿頭要砸 48.6 億元，以每股 128 元收購樂陞股票，股價噴出最高 115.5 元，但百尺竿頭最終毀約不埋單，市值蒸發逾 180 億元，投資人血本無歸，疑點重重，檢調介入調查，查出許金龍與中國 2 公司簽訂密約買它的私募股、可轉換公司債，中飽私囊 40 億餘元。

當時收購案宣布前樂陞股價不到 90 元，由於投審會審查通過，許多投資人認為這是一個非常安全的套利機會，於是一窩蜂買進，這些人就是在做自以為投資的投機，因為他們並沒有做任何收購成功機率的評估，也完全不了解樂陞合理的價值在哪裡，只是很天真地看到當時股價遠低於收購價，就

毫不猶豫地搶進，結果最後個個都傷亡慘重。

接著再看了幾章邏輯嚴謹有理有據的論述之後，葛拉漢創造了一個非常經典且傳神的角色，稱之為「市場先生」。假想你有一個私人企業合夥人，叫做市場先生。每一天，市場先生風雨無阻地現身，向你報一個價格，表示願意按此價格買進你的股份，或是將他的股份賣給你。

雖然你們的合夥事業體質良好獲利穩定，但市場先生的報價卻一點都不穩定，因為他患有嚴重的躁鬱症。有時候他心情很好，眼中看到的都是對合夥事業有利的因素，他會報一個非常高的買價，想要買下你手中的股份；有時候他心情又會變得很差，眼中看到的盡是對合夥事業的不利因素，此時他會報一個非常低的價格，希望把手上的股份賣給你。

此外，市場先生不介意受冷落，今天你不理會他的報價，明天他還是會提出新的報價，是否交易全由你決定。在這種情況下，一個理性有智慧的投資者應該怎麼做呢？當然是好好利用市場先生的躁鬱症，在報價偏低的時候買進，報價偏高的時候賣出，其他時候不要理他。但是如果你不是這麼做，反而受到市場先生的情緒影響，在報價偏低的時候搶著賣出，報價偏高的時候搶著買進，那後果肯定是一場災難。

葛拉漢畢竟是一名學者，大部分章節都充滿許多嚴謹的學術研究，使得這本書內容並不十分容易閱讀。即使是現在讀這本書，我也不是百分之百理解所有內容，更何況當時只是初學者。還好自從國中時讀過陶淵明的〈五柳先生傳〉之後，我就領悟了讀書不求甚解的精髓。總之，不管三七二十一，我決定先把這本書讀完，無論是不是完全理解。基本上，我可以負責任地說，這本書我大概理解不到五成。然而如果學習的是武林中末流的門派武功，縱

使百分之百學成也還是末流。反之，如果修習的是九陽神功，即使只學會三成依然能成為高手。所以我非常建議投資人認真閱讀《智慧型股票投資人》這本書，細細咀嚼大師書中的智慧。

如果要把書中精華擷取出來，根據《窮查理的投資哲學與選股金律》這本書，可以說葛拉漢創造了價值投資四大基本原則：

一、將股票股份視為擁有企業的擁有權比例；

二、以內在價值的大幅折扣買進；

三、將市場先生當成僕人，而不是主人；

四、要理性、客觀、冷靜。

查理·蒙格（Charlie Munger）曾經說過這4個葛拉漢原則基石永遠不會過時。不遵循這些原則的投資人，就不是葛拉漢價值投資者。這4項原則環環相扣，缺一不可。就好比牛頓四大定律，只要缺少其中任何一條，就無法解釋地球為何會規律地繞行太陽這項事實。價值投資者如果缺少上述四大原則的任何一條，恐怕也都無法成為成功的投資人。反之，如果能嚴格遵守這些原則，投資的旅程自然會平穩許多，因為平穩，所以才不會頭暈想吐，才有餘裕從容欣賞沿途美景！

● 價值投資淺論

股市投資的第一課就是搞清楚股票的本質，股票不是一張價格隨時變動的紙（似乎很多人是這樣看待股票的），股票是一家公司的部分所有權，當

你擁有某家公司的股份,你就擁有這家公司所有價值的一部分,投資人買的是公司的價值,因此巴菲特說:「價格是你付出的,價值是你得到的。」

價值投資根據定義就是要以遠低於企業內在價值的價格買進股票,也就是巴菲特所謂的「用 5 毛錢買進 1 塊錢」。因此**價值投資的核心就是對企業估值,唯有清楚企業大概的價值,才知道以什麼價格買進,才能夠既承受低風險又有利可圖。**而且買進的價格愈低,風險就愈小,潛在報酬卻愈大,所以對於價值投資者來說,風險和報酬成反比,而不是正比。

一家企業可能有許多有形或無形的資產,例如土地廠房、專利技術以及品牌商譽等等,投資人必須一一小心仔細地估價。而其中最值錢的資產,就是個證明可行而且能夠長期穩定獲利的能力。是什麼東西能確保公司穩定獲利呢?答案是堅強的競爭力,也就是俗稱的「護城河」。企業本身應該是像座城堡一樣,其價值取決於發揮保護作用的護城河強度。一家公司最有價值的資產就是護城河,所以價值投資人的任務非常明確,就是要辨識護城河。

舉例來說,一般人判斷股價是否合理,通常都會看本益比,假設兩家公司某年獲利相同,本益比也相同,因此當時的股價也相同。那麼這兩家公司真的有一樣的價值嗎?答案當然是否定的。如果非要在這兩家公司選擇一家,我們一定會選擇護城河更強大的那家公司。因此,投資的成敗就取決於辨識護城河的能力。每一家公司護城河的強度都是不一樣的,有的深、有的淺,有的根本沒有護城河。

每一家公司護城河的類型也是不一樣的,有些是靠領先的技術實力取勝,如台積電(2330);有些是靠龐大的規模優勢取勝,例如鴻海(2317);有些是以最低成本取勝,例如日本的豐田汽車;有些是強大的品牌價值,例

如美國的蘋果公司。總之，身為投資人，我們不必自己去建立護城河，我們只要能夠辨識誰擁有護城河、哪家公司護城河最大就可以了。

既然如此，那麼投資人應該如何提升自己辨識護城河的能力呢？最好的辦法就是實際投入經營公司，這樣一定會非常了解公司所處的產業，自然會比其他人更能夠辨識出業內誰的競爭力最強，也會更了解該如何提升公司的競爭力。

當然一般投資人不可能為了投資某家公司而自己跑去創業，但我們可以假想自己就是所投資的公司的經營者，這也就是業主型投資人的概念。投資人在投資一家公司的時候，是假想自己就是經營者，去了解自己公司在業內的競爭力如何，該如何提升以至於增進獲利能力。唯有以此為出發點，投資人才能清楚判斷公司在產業內的地位如何，獲利能力是否穩固，成長性如何……等。

這當然不是一件容易的事，而且也不可能有人能夠對所有產業都這麼做，好在我們也不需要了解太多公司和產業，只要選擇自己比較熟悉的領域，或者在自身能夠理解的範圍內，選擇幾家公司深入研究即可，這就是「能力圈」的概念。重點不在於能力圈的大小，而是要清楚能力圈的邊界在哪裡。努力在圈子裡面投資，不要跨出圈子外面，成功的機會就會比其他人大很多。

價值投資者不但要能夠辨識護城河，還要能夠丈量護城河，搞清楚公司的斤兩。唯有如此，才能清楚掌握公司的價值所在。所以葛拉漢說：「股票市場短期來看像個投票機，長期來看則像個秤重機。」價值投資者專注的是公司的真實價值，不會在意短期股價波動，因為長期來說，股價終究會回歸企業價值。

市場是善變的，同一項資產，有可能今天出價 100 元，明天卻只出價 50 元，後天又變成 200 元。所以聰明的投資者應該將不理性的市場先生當作僕人，在定價錯誤的時候買進或賣出。問題是當市場上大部分的人都認為一項資產只值 50 元的時候，葛拉漢價值投資者如何確定它值 100 元呢？這就需要前面提到的最後一項原則，投資者必須理性、客觀並冷靜地分析一項資產的真實價值，然後才有辦法辨識出定價錯誤的資產。

最後一定要提的就是「安全邊際」的概念，這可以說是所有價值投資者身上的印記。其實價值投資一開始的定義就已經埋藏了安全邊際的概念，也就是我們不能僅僅以稍低於內在價值的價格買進，而是要儘可能以遠低於內在價值的價格買進。這個價格和價值的差距就是安全邊際，寫成公式就是：

安全邊際＝內在價值－外在價格

所以安全邊際有大有小，有正有負。正的安全邊際代表以低於內在價值的價格買進，也就是買得便宜，物超所值。安全邊際愈大，投資的風險愈小，可以極大地保護投資者的本金，同時提高潛在報酬。簡單說，就是當你對某項投資判斷錯誤的時候，安全邊際可以大幅降低虧損的風險。如果判斷正確，那麼安全邊際也可以大幅提高報酬。因此，安全邊際允許我們犯錯的空間，它讓精準預估未來變得沒有必要。負的安全邊際代表以高於內在價值的價格買進，也就是買貴了。**對所有投資人來說，買貴就是最大的風險，這是價值投資者都會極力避免的錯誤。**

安全邊際可以大幅保護投資者的本金，降低風險，這個概念本身非常容易懂，困難的是執行面。價值投資者會給股票定價，而不是給市場定時間，耐心可能是價值投資最困難的地方，因為好價格不容易出現，往往需要長時

間的等待，尤其是在牛市階段，更是會讓人等到發瘋。結果理想的價格不但沒有出現，反而股價還一直上漲，此時價值投資者因為堅守安全邊際的紀律，反而績效容易落後，有些人可能就因此而動搖了。

但是其實這正是長期成敗的關鍵，無論其他工作做得多好，如果沒有守住安全邊際，長期來說還是容易失敗，風險也會比較高。所以價值投資至少有兩個難處，一是要花相當多的心力學習企業估值，二是要有極大的耐心與紀律堅守安全邊際。難怪即使巴菲特貴為股神，大力推廣價值投資的理念，追隨者還是寥寥無幾了。

• 價值投資的美妙旅程

這裡我僅用了短短幾頁文字，簡單說明何謂價值投資。前面提到的諸多概念，例如「內在價值」、「市場先生」、「護城河」、「能力圈」以及「安全邊際」等等，可以說是構成整個價值投資理論的基石，後面會一再提及，也會反覆舉例論證。到目前為止，各位就好比學習了武林祕笈的總綱目錄。投資的世界就如同武俠小說裡的江湖一樣險惡，周星馳電影《鹿鼎記》裡面，韋小寶和天地會總舵主陳近南之間有一段對話：

陳近南：總之，如果成功的話，就有無數的銀兩跟女人，你願不願
　　　　意去啊？

韋小寶：願意，只不過你剛才那句九死一生，實在太驚人啦。

陳近南：（從懷中取出一本書）我可以教你絕世武功。

韋小寶：啊？！這麼大一本，我看要練個把月。

陳近南：這本只不過是絕世武功的目錄，（一指），那堆才是絕世
　　　　武功的祕笈。

韋小寶：哇，要看也要看 1 年。

陳近南：我是看了 3 年，練了 30 年，才有今天的境界。

韋小寶：30 年？那我還有多少時間練？

陳近南：一晚。

韋小寶：噢，我還有一晚時間練，哪還不是九死一生？

陳近南：不是，看了就九死一生，不看就十死無生。

　　投資人如果沒有學習價值投資的基本觀念，那麼進入股市就是十死無生；如果只學了基本觀念，完全沒有經過練習，進入股市大概也是九死一生。我們當然不要十死無生，也不希望九死一生，所以這本書接下來的章節，目的就是幫助大家脫離投資老是虧損的宿命。另一方面，江湖也不是只有險惡，也有其迷人之處。所以也希望能夠將我在學習價值投資的旅程當中，所看見的各種奇妙風景，分享出去，邀請更多人一起享受價值投資的美妙旅程。

第 2 章

行前準備

　　自從我閱讀了葛拉漢的大作《智慧型股票投資人》一書之後，就迫不及待地想要開始價值投資旅程，然而任何旅程都應該規劃好行前準備。就像出國旅行之前，會反覆檢查行李是否帶齊一樣。那麼，開始投資之前，應該先做好那些準備呢？我認為最重要的，莫過於搞清楚下面兩件事：

　　一、自己是否具備適合投資的個性？

　　二、這趟投資旅程的目的是什麼？

• 適合投資的個性

　　巴菲特說過：「投資不需要有過人的智慧，卻須要有適合投資的個性。」我相信所有成功的投資人都會同意這段話。當然，不是成功的投資人也可能同意，我就屬於後者。

　　在開始投資之前，我從大師的書中看到這個論點，經由他們的說明，當時已經可以理解個性對於投資成敗占據主導地位，在真正開始投資後，更是能夠體會。以前在學校讀書的時候，時常會覺得很不公平，為何總有些人不需要花什麼時間準備，考試就可以輕鬆拿高分，如果你問他們怎麼辦到的，他們很可能只是聳聳肩說：「就考試前隨便看一下！」當下雖然會想把他們掐死，但臉上還是要保持微笑，只能說老天不公平，有些人就是很天才，智商就是高人一等。

　　在股市我也發現類似的現象，只不過這次不再是智商的差別，而是個性，有些人的個性就是很適合投資，一般人難以克服的困難，這些人卻毫不費力。例如大部分的人遇到股價下跌，總不免憂心忡忡，但有些人不但不擔心，甚

至還敢逢低加碼，最後創造優異的報酬。如果你問他為什麼股價一直下跌還敢買，他大概會回答：「不是本來就應該買低賣高嗎？」聽到這種回答，你大概也只能無言以對。

那麼，**何謂適合投資的個性呢？我認為至少應該包含理性、痛恨虧損、耐得住寂寞以及一點點自負。**

理性

投資一定要很理性，潛在的風險和報酬都需要經過非常理性的分析。有些人會因為媒體雜誌或者投顧老師大力吹捧某檔個股，就開始幻想著美好錢景，不計成本急著買進，結果往往住進套房，然後感慨股市真是個人吃人的地方；有些人會因為與某檔個股過去一同經歷過美好時光，就想和對方長相廝守，不料人會變心，公司更容易變爛，過去的美好回憶，如今已成追憶，過去帳上的獲利，現在都煙消雲散。

有些人則會因為股價下跌就感到恐懼，開始幻想可能有不好的事情即將發生，股價還會繼續下跌，應該趕快賣出，結果時常賣出之後股價就是觸底反彈，這就執行了一次殺低。或者看到股價上漲就感到興奮，於是猜測一定是有好事發生，所以股價會持續上漲，要趕緊加碼，結果買進之後股價卻開始反轉，這裡又完成一次追高。這些都是不理性的行為對投資造成的傷害，我們應該盡力避免。

投資時一切決策必須理性，以自身利益為前提。就像周星馳電影《鹿鼎記II：神龍教》，裡面韋小寶和龍兒之間的一段對話：

小寶：萬一是妳師父晃點你呢？

龍兒：什麼是晃點？

小寶：就是騙妳！

龍兒：那你會不會晃點你老爸呢？

小寶：那要看有沒有好處。

龍兒：要是有好處呢？

小寶：那就晃點他囉！

　　投資必須理性的道理一點都不難懂，難的是搞清楚自己是否真的非常理性，很多人時常以為自己很理性，但其實是對自己不夠了解。就我的觀察，真正理性的人其實不多。理性的人總不免會把生活當中所有事情分析一番，無論提出這個觀點的人是誰，不會輕易接受不合邏輯的觀點。

　　就以我自身為例，當時準備結婚之時，非常理性地分析了一番。首先，婚紗照實在沒必要，因為根本沒有幾個人想看，無論親朋好友表面上怎麼說，很少有人會真的想看新人的婚紗照。我參加過的婚宴裡面，極少看見有人認真看桌上擺放的新人婚紗照。

　　如果再進一步分析，其實連婚宴也不需要。台灣的婚宴真的非常折騰人，喜帖上面總是寫著中午 12 點準時開席，結果卻總是會拖到接近下午 1 點才上第一道菜，賓客無論大人小孩早已飢腸轆轆，卻還要聽台上許多莫名其妙、毫無關聯的議員民代致詞。真正的主角，新人夫妻卻被晾在一旁，這真是相當不合邏輯。

　　最後，蜜月旅行也沒必要。新婚夫妻通常沒太多積蓄，一趟浪漫歐洲蜜月旅行，大概就足以花光積蓄。還不如將這筆錢拿來做投資，創造未來更

多的現金流。

以上都是非常理性的分析，似乎非常合理，但是如果進一步理性分析未婚妻的反應，暴怒的可能性相當大，後果恐怕不堪設想。也就是說，這個提案的潛在報酬不錯，但潛在風險更大。還好我那賢淑的妻子，居然同意了大部分我的提議，原因是我們有一致的目標，就是犧牲短期的享樂，換取未來更好的生活，而這其實就是投資理財的本質。

說了那麼多，其實目的只是要說明一件事，那就是：理性對投資來說非常重要，投資之前，先好好檢視自己是否具備此一特質吧。如果有，那很好。如果沒有，那至少知道自己不夠理性，可以設法用其他方式彌補，例如努力改變自己，讓自己至少在投資時變得更理性一點。如果實在難以改變個性，那也可以試著嚴格遵守事先設定的投資紀律，像是先寫好的程式碼一般，照著程式做交易，避免被自身情緒影響。

痛恨虧損

痛恨虧損這點乍看之下似乎有點怪，畢竟誰不痛恨虧損呢？但我認為大部分人其實沒有他們聲稱的那麼痛恨，否則為何許多散戶總是會反覆犯同樣的錯誤，一再追高殺低呢？

在我看來，許多投資人不但不像他們口中說的那樣痛恨虧損，反而已經漸漸習慣虧損了，這大概就是所謂的口嫌體正直吧。這真的非常可怕，因為**人類習慣的力量非常強大，一旦習慣虧損這件事情，未來持續虧損的機率相當大**，光是我周遭的親友，就已經有非常多這種習慣虧損的例子。這就是所謂的慣性，符合牛頓第一定律。

　　一個真正痛恨虧損的投資人，一定會盡最大努力避免虧損。於是他們會持續學習，持續進步，不會老是犯相同錯誤。更重要的是，因為痛恨虧損，他們做投資決策的時候，必定小心謹慎，不會盲目樂觀。

　　以我來說，如果因為過於謹慎而錯過某檔飆股，我並不感到十分痛苦。但如果因為不夠謹慎而陷入虧損，那我會十分悔恨，並且永遠記取教訓。許多人總是記得自己過往獲利的戰功，卻時常忘記自己虧損的經驗。我則剛好相反，獲利除非是特別豐厚，否則我通常不會特別印象深刻，然而若是虧損，即使只是些微損失，都會讓我難以忘懷。

　　事實上，我投資以來還不曾賣出持股時出現實質虧損，但有些投資確實不如預期，結果損失了機會成本，這就已經讓我夠難受了，所以可以想像若真的虧損，那心情一定是非常差。我想傳遞的觀點是，正是因為痛恨虧損的個性，以至於我的所有投資都非常小心謹慎，所以才能夠將虧損的機率儘可能降低。

　　很多人可能會認為學習是一件痛苦的事，尤其是要學習一個新的專業領域，例如會計或者某個產業的知識，所以不願意花時間認真學習。但是虧損更痛苦，不是嗎？為什麼這些人寧願虧損，也不願意學習呢？所以對於那些老是虧損卻又不願意認真學習的人，我的解讀就是，他們其實沒有那麼痛恨虧損，或者說相較於虧損，他們其實更痛恨學習。

　　2015年第一季，橋椿（2062）股價超過60元，我對它也研究一段時間了，我在個人的私密社團裡面寫下一段話：

我目前對橋椿的主要顧慮有兩點：

一、景氣循環，獲利波動幅度很大；

二、法人、投信、外資持股比例高，散戶相對弱勢。

　　股價在去年 3 月高點突然暴跌到接近腰斬，而當時的營收卻還持續成長，資訊弱勢的散戶應該大量被套牢了。這兩點對我來說不是小疑慮，是很大的疑慮，如果沒有把橋椿研究徹底，並且對它有足夠的信心，我恐怕不會輕易投資。我投資的標的都希望大部分股東都是自然人，也就是散戶，這樣我們才有優勢。

　　後來我確實因此放棄這個投資。下圖顯示橋椿 2013 ～ 2017 年 EPS 和月均價走勢，當時橋椿獲利相當不錯，隔年獲利還成長 20％，但股價卻持續下跌，現在只剩下 36 元，2015 年以來接近腰斬，而我躲過這顆地雷的最重要原因，就是我天生痛恨虧損。前一章提到巴菲特說過：「投資的第一條準則是不要賠錢，第二條準則是永遠不要忘記第一條！」我認為如果具備痛恨虧損這項特質，自然會盡一切努力避免虧損，所以將其列為適合投資的個性之一。

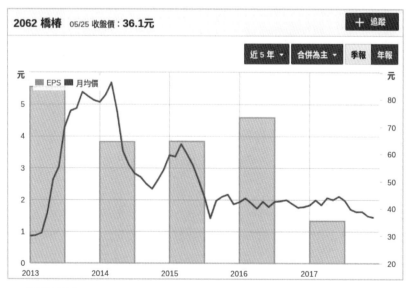

圖 2-1 橋椿（2062）近 5 年 EPS 和月均價（2013 ～ 2017）

資料來源：財報狗

耐得住寂寞

「投資哪裡寂寞了？特別是現在到處都是投資社團和粉絲專頁！」

是的，大部分投資人其實一點都不寂寞，但這也正是大部分投資人績效平庸的原因之一。市場就是由所有投資人組成，如果一個投資人傾向跟大家做相同的事，那麼幾乎可以確定只能得到平庸的績效。所以如果想要獲得優於平均的績效，就絕對不能從眾，甚至必須敢於和眾人反向操作，我稱之為「人棄我取」的精神。這也是巴菲特所說的，「在別人貪婪時恐懼，在別人恐懼時貪婪。」

同時，「人棄我取」也是要表達一種獨立自主的研究精神，而不是特立獨行，為了反對而反對的屁孩精神。人是群居動物，天性就很難抗拒從眾，大街上哪裡人多，就會吸引更多的人湊過去。但是放棄思考直接追隨眾人是否就是最好的做法呢？顯然未必。

2008 年我和一些朋友在北京旅遊，有一天我們在某條街上覓食，結果同行有位朋友眼光獨到，捨棄眾多裝潢光鮮亮麗、人潮洶湧的餐廳，選擇了陰暗破舊、毫無人氣，裡面還有蒼蠅飛來飛去的小店，正當心裡暗自咒罵這位朋友的時候，我竟然體驗了這輩子吃過最好吃的料理。

選擇餐廳都不應該從眾了，投資就更不應該了。然而大部分人還是難以抗拒地選擇從眾，學術上稱為羊群效應或旅鼠效應，這也是我之所以認為市場沒那麼有效率的根本原因。不從眾的結果自然就是孤獨，但為了獲得更好的投資績效，我只能選擇不合群，默默地忍受寂寞和孤獨。

2013 年我開始投資金洲（4417）這家公司，當時這家公司非常冷門，每天成交量不到百張。股價也是十分低迷，且好幾年沒什麼動靜。當時我才剛剛開始投資，資金非常有限，只能靠著每個月的薪水慢慢累積數量。我花了兩年的時間才累積到 25 張，平均成本約 19 元，投入的成本對當時的我來說不是小數目。結果整整兩年的時間，市場對它不聞不問，造成我的投資績效完全被這檔股票拖累，但我仍舊持續累積數量，完全不理會市場反應，整個過程絕對稱得上孤單寂寞覺得冷。

結果自 2014 年底開始，因為獲利大幅提升，股價一路飆漲，最高漲到接近 60 元，當時帳面獲利超過兩倍。這整個持續累積金洲股票的決策，完全是經過理性分析，然後堅持執行擬定的策略。整個過程沒有人會阻止我，因為市場根本無視這家公司，股價持續低迷，要累積數量只會更容易，不會更難（對很多人來說可能相反）。唯一能阻止我的只有自己，是否耐得住寂寞成為這個投資成敗的一大關鍵。

一點點自負

投資需要謙卑，不斷的虛心學習，絕對不能過於自負，這想法應該大部分人都能接受。但或許不是很多人曾想過，要成為一名優秀的投資人，其實還需要稍微自負一點。投資絕對不能過於自負，面對市場，我們一定要心懷畏懼，所以只能是「一點點」的自負。

這聽起來有點矛盾，如何做到既謙卑又自負呢？答案是：「該謙卑的時候謙卑，該自負的時候自負。」**在我們無知的地方，我們必須謙卑學習，然而在我們已經掌握充分資訊，分析足夠深入之時候，我們必須足夠自負地堅定信念，不畏與市場主流看法相左。**

　　價值投資是一門由下而上的投資哲學，非常著重在選股。一位優秀的價值投資者，對於鎖定的少數個股，必定研究得相當深入，以至於時常走在市場前面。當平庸的公司逐漸變好，市場還處於後知後覺，甚至無動於衷，他早已洞燭機先，持續累積數量了。反之，當好公司逐漸變差，市場也同樣後知後覺，他也早已獲利了結，轉而將資金投入其他更好的機會。

　　然而，這件事絕對沒有表面上看起來那樣簡單，如果沒有那麼一點點自負，即便研究做得再怎麼深入，都還是可能功虧一簣。原因是市場的笨拙往往出乎意料，以至於平庸公司變好，市場卻持續忽略它，洞燭機先的優秀投資人，只能忍受著平庸的績效，以及市場的譏笑；或者當好公司逐漸走下坡，市場卻持續追捧，以至於這位提早看出公司變質，眼光犀利的投資人，反而錯失了後面一大段漲幅。

　　這時候如果沒有足夠的自負，相信自己對這家公司確實了解得比市場更深入、看法更正確，那麼很可能無法堅持持有漸入佳境的公司，就會在股價即將大漲之前賣出持股；賣出走下坡的公司後又在高點再次買回，結果慘遭套牢。如此半途而廢，只做了一半的先知，那還不如一開始就追隨市場，隨波逐流還比較好。

　　紡織業過去很長一段時間被稱為夕陽產業，產業內的公司不是破產倒閉，就是只能勉強慘澹經營，期待度過寒冬迎來春暖花開。儒鴻（1476）是成立於 1977 年的成衣廠，現在是絕大部分投資人都知曉的高價績優股，但其實過去有很長的一段時間股價都在面值以下，可說是雞蛋水餃股，2010 年之前可以說是人人避之唯恐不及，但其實公司一直努力在開發各種機能性布料，廣泛應用於運動服、休閒服、內睡衣、瑜珈服等。2010 年下半年之後蓄積已久的能量整個爆發，獲利和股價都跟著三級跳。

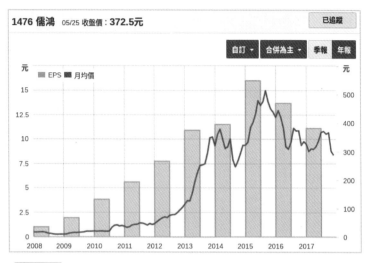

圖 2-2 | 儒鴻（1476）歷年 EPS 與月均價（2008 ～ 2017）

資料來源：財報狗

　　假設有位長期研究紡織業相關公司的價值投資者，由於十分看好儒鴻機能性布料的前景，而且他的研究十分深入，又長期追蹤相關公司，所以他的看法很可能領先市場。當他在 2008 年決定開始布局，持續累積數量，先上車慢慢等待後知後覺的市場跟進。

　　結果等了兩年，雖然公司獲利確實提升不少，市場卻仍舊無動於衷，持續忽視這家公司，股價始終低迷不振。這位走在市場前頭，眼光銳利的投資者，一個人孤伶伶的坐在車上，愈等愈孤單，愈等心愈荒，終於開始懷疑自己的判斷。結果慘劇發生，就在股價準備發動驚人漲勢之前，他跳車了。

　　在這個例子裡，他幾乎具備了所有優秀投資人的特質。非常理性地研究這個產業，並沒有因為大眾都說紡織是夕陽產業而忽視它；他痛恨虧損，所以不輕易投資，而是做足功課，像個研究員一樣的深入調查；他也耐得住寂寞，所以能長時間投入在無人聞問的產業和公司。

可惜他缺少了一點自負，使得他在真正投入資金之後，由於始終等不到市場關愛的眼神，而開始懷疑過去這麼長期研究之下得到的結論。這一點點自負就是這整個龐大投資工程的最後一哩路，可惜缺少這點，雖然完成了前面 90％，卻缺席了最後也是最重要的 10％，等不及股價爆發他卻跳車了！真是個慘劇。

我記得自己當初決定成為一名價值投資者的時候，確實一一地檢視自己的個性是否具備上述幾項特質，結果我自認幾乎完全具備。換句話說，我可能就是那萬中選一的投資奇才，那還有什麼好考慮的，當然是立馬去開個股票帳戶，準備縱橫股海了。

當然，後來我發現自己根本不是什麼投資奇才，即使具備那些特質也不能保證一定能成為優秀的投資人，就像身高比較高的人適合打籃球，但並非所有高個子都是灌籃高手，頂多只能說有優勢而已。**一名優秀價值投資者的養成，可不是一朝一夕的，路還很長，現在只是旅途的開端。**

• 想清楚投資的目的

為什麼要投資？投資的目的是什麼？這聽起來似乎是奇怪的問題，其實卻是投資之前必須思考的最重要問題。為了聚焦，這裡所說的投資專指「股票」投資，其他債券、外匯、商品以及期貨等等，都不在討論範圍內。

投資可以為我們帶來非常多收穫，可以同時達到許多目的，但其中並不包含快速致富。就好像鉛筆可以用來寫字、畫畫、轉筆，也可以敲擊桌面來製造具有節奏聲響（國高中生很喜歡這麼做），鉛筆可以做許多事情，但其

中並不包含彩繪家裡的沙發，這點我花了很大力氣教育我 3 歲的兒子。

對我來說，顯而易見地，就像鉛筆不能用來彩繪沙發一樣，投資無法讓人快速致富（這是種比喻，也許有人真的可以用鉛筆彩繪沙發，請別太計較）。對許多人來說卻未必如此，他們正是因為想快速致富而學習投資。很遺憾地，我必須說，就我所知，投資真的無法讓人快速致富；想要快速致富，大概只有創業、投機以及賭博有機會。

其中因為創業成功而致富的比例，應該是三者之中最高的。根據統計，台灣創業 1 年內倒閉者高達 90％，5 年內創業失敗者更高達 99％，剩下的 1％只是存活超過 5 年，真正藉由創業成功致富者肯定低於這個數字。

那麼，藉由投機或賭博快速致富的機率如何呢？我找不到統計數字，我猜大概是因為趨近於零吧。然而，因為投機或賭博失敗而造成財務惡化，甚至破產的例子，倒是不勝枚舉，我從小就看著大人們，一直不停地把辛辛苦苦賺來的錢投入六合彩等賭博投注，結果當然是有去無回了。

投資的目的不一定是單一的，可以是多重的，每個人的答案可能不同，以我來說，至少有以下兩個目的。

一、創造被動收入，達到財務自由

投資雖然無法讓人快速致富，但絕對可以改善個人財務狀況。和大部分人一樣，我當初開始投資的時候，第一個想法就是希望透過投資，慢慢累積資產，早日達到財務自由，不用再為錢所困。這裡必須說明，財務自由不等

於成為富翁，每個人對於財務自由的定義也不見得相同。以我來說，其實門檻並不高，只要被動收入足以支應一般生活開銷，就算達成財務自由。所以財務自由不是不用工作，而是即使因故失去主動收入，仍舊有足夠的被動收入確保生活品質，不至於立刻陷入困頓。

當然，每個人狀況不同，需求自然也不同。同時，收入不同，能夠投資的資金也不同。這裡以年薪 50 萬，今年 25 歲的賈先生為例，如果他希望透過投資，在未來某一天，可以年領被動收入 50 萬。假設這 50 萬全數來自股票投資所配發的股利，以殖利率 5% 反推，等於股票資產達到 1000 萬。如果每年固定投入 12 萬元資金，也就是平均每個月擠出 1 萬元用來投資股票，以複利 8% 計算，那麼賈先生將會在 51 歲的時候達成。這時候他光是股票資產就已經超過千萬，每年可以獲得超過 50 萬的現金股利，雖然稱不上有錢人，但財務上的壓力肯定大大減輕。以我的寬鬆定義來說，這已經算是達到財務自由了。

財務自由非常重要，對我來說尤其重要，這並不是因為我渴望成為有錢人，可以享受上流生活。其實我的物質慾望不高，一件 200 元衣服可以穿 10年，平常喜歡吃魯肉飯和陽春麵。但我骨子裡崇尚自由，追尋自由大概是我這輩子最大的雄心壯志。這想法早在我還是小學生的時候，就已經顯露無遺。因為我極不願意勉強自己做沒興趣的事情，所以學生時代，我對於沒興趣的科目，是一分鐘都不願意投入。國中時因為總是交不出美術作品而時常被處罰，高中時所有社會科目全部不及格，我還記得某科我得到全校最低分，第二低分的學生分數是我的兩倍以上。

然而對於自己感興趣的事物，我則是投以極大的熱情，高中時我就立定志向要當個數學老師，除了因為我喜歡數學也喜歡教學之外，更重要的是，

教師這個職業給我感覺相當自由。然而，當我真的如願當上了高中教師（結果不是數學而是物理老師），我才發現其實並沒有我想像中自由，教學內容已經被限定了，因為聯考制度，教師的任務基本上是儘可能讓學生取得高分，這些都限制了教學的自由，也違背了我的教育理念。

後來我改變目標，想當一名學者，我當時想，學者應該很自由吧，想做什麼研究就做什麼研究。後來我真的成為一名學者，一名理論物理學家，這真是我夢寐以求的職業，結果我發現我還是得不到自由。我無法自由選擇感興趣的題目，因為我上面還是有老闆，基本上老闆決定了研究方向和主題。這還不打緊，更糟的是，我甚至連思維的自由都沒有，打從我接獲一個指派的研究主題開始，我就根本沒有思考與研究的自由，大都是老闆指示應該怎麼做，我只是一個打工仔。

有人說這是因為我當時只是博士後研究員，等我在研究機構找到正式教職，就可以享有學術研究的自由了。很遺憾，這也不是事實，一般來說，像我當年那樣的年輕學者（在學術界算年輕資淺，在業界可能已經算資深了），第一份正式教職一定是助理教授開始，這時候立刻就要面臨升等的壓力。一般來說，如果無法在 6 至 8 年內升等，就會被解聘。

這是一個非常大的壓力，在台灣，新進助理教授通常會被分配沉重的教學和系務行政工作，為了順利升等，年輕學者時常被迫放棄原先的理想，只能儘量選擇一些比較有希望快速發表論文的題目進行研究，久而久之，也就習慣這樣的模式，發表論文只是為了升等，只是為了獲得穩定的工作。

總之，我發現學術界也沒有我渴望的自由，後來我才發現，想要得到自由（至少以這種世俗的自由來說），我必須先達到財務自由，這就是我決定

投資的第一個，也是最重要的目的。雖然有些任性，但我想每個人都有自己想追求的夢想，追求夢想並沒有錯，有人夢想成為醫師，有人夢想成為太空人，我的夢想則是可以不用為五斗米折腰，能夠像陶淵明一樣，過著「採菊東籬下，悠然見南山」這般自由自在的生活，但是又不能像陶淵明那樣讓妻小挨餓受凍，所以我投資。

二、智識上的挑戰，享受投資樂趣

這個目的或許和我的學術背景有關。當初會成為一名理論物理學家，就是因為喜歡智識上的挑戰，喜歡探索未知與創造理論，研究對我來說本身就是一件非常有趣的事情。當我第一次接觸到價值投資的理念時，我立刻認知到，投資本身也是個智識上的挑戰，而且這個挑戰難度一點都不亞於物理研究，這個世界上成功的物理學家很多，成功的投資者卻寥寥無幾。

後來當我開始深入學習價值投資時，我發現自己對於證券分析的興趣愈來愈濃厚，之前因為覺得台灣學術界不夠自由而對學術研究失去熱忱的我，現在居然在一個完全不相干的領域，找回那種對於研究的純粹熱忱。於是我幾乎將以往物理研究的方法論，完全移植到投資領域。

實際上是怎麼進行？物理研究裡我們會先選定想要研究的題目，轉到投資領域，就變成選定待研究的個股。然而可以研究的題目非常多，什麼題目才是最值得研究的，這需要有一定的眼光，只能透過多看多聽來提升。選定題目之後，接著就是設法解決問題，以價值投資來說，要回答的問題只有一個──「這家公司值多少錢？」

為了要解決這個問題，我們可能必須提出更多有意義的問題，然後先解

決這些，最後才能真正回到原點，解開一開始提出的問題。必須先去研究公司所屬的產業、公司在產業內的競爭力、經營團隊的能力……等，全部都要做深入的分析，最後才能回到原點：「公司到底值多少錢？」

所以我現在每天在做的事，就是閱讀和思考，設法在茫茫股海中，找出可能被低估的個股，然後透過深入的研究和分析，估計它的價值，一旦發現股價遠低於應有的價值，在足夠高的信心程度之下，就會毫不猶豫的大量買進，而且幾乎是在買進的當下，我就認為自己已經獲利了，只是在等待實現罷了，所以總是以非常愉悅的心情買進。這整個過程所投入的時間，交易可能只占了不到 0.1％，99.9％的時間都是用在閱讀思考與研究分析。

許多人說，價值投資者大部分的時間都是在等待，非常枯燥無聊，其實這種說法並不完全正確。**真正的價值投資者肯定是非常享受投資過程的，時間也絕對不只花在等待，而是持續不斷地學習與思考，這本身就是非常有樂趣之事。**

巴菲特今年 88 歲了，每天閱讀 500 頁文字，數十年不變。巴菲特的老搭檔，波克夏‧海瑟威（Berkshire Hathaway）公司副董事長查理．蒙格今年 94 歲了，他的小孩說他就像一座移動圖書館。他們兩老真是價值投資者最好的典範，他們的人生活得精彩，不是因為他們賺很多錢，這是倒果為因了。而是因為他們熱愛學習，享受投資，並以此為業，每天過得非常充實又愉悅。

《巴菲特寫給股東的信》的編輯卡蘿爾．盧米斯（Carol Loomis），寫了一本書完美詮釋巴菲特投資哲學，書名是《跳著踢踏舞去上班》。我覺得這書名實在太棒了，一個人如果能夠每天帶著愉悅的心情，跳著踢踏舞去上班，這樣的人生是何等美妙，何等自在！

我一直認為，雖然大部分人投資的目的都是希望獲利，但很奇妙的是，如果把獲利當作第一，甚至唯一的目的，通常反而得不到想要的結果。一個人或許可以長期做著低階重複的工作，只為了養家糊口。但如果缺乏興趣支持，我很難相信有人可以長期忍受枯燥乏味，需要創造力，且時常會陷入迷惘又不知所措的研究工作，而價值投資正是屬於這類工作。王國維的《人間詞話》提到，古今之成大事業、大學問者，必經過三種境界：

「昨夜西風凋碧樹。獨上高樓，望盡天涯路。」此第一境界也。

「衣帶漸寬終不悔，為伊消得人憔悴。」此第二境界也。

「眾裡尋他千百度，驀然回首，那人卻在，燈火闌珊處。」此第三境界也。

我非常喜歡這段話，一個優秀的投資人，必須先能夠忍受孤獨（第一境界），在其他人玩手遊、追劇或者出遊玩樂的時候，獨自一人關在房裡大量閱讀，持續學習，投入大量的時間心力（第二境界），然後才有機會在眾多投資標的當中挑選出少數的贏家（第三境界）。

2018 年 4 月份，我以「燈火闌珊處——人棄我取的冷門股投資哲學」部落格版主的身分，受邀參加「華人線上投資理財高峰會」所舉辦的線上研討會，該網路平台是由《80％求穩，20％求飆，低風險的財富法則》作者顏菁羚女士所創辦。當時是燈火第一次露臉，同時也因為臉書粉絲專頁追蹤的人數也愈來愈多，開始有一些影響力，促使我開始思考部落格存在的理念和使命，並且利用線上研討會這個機會傳達出去。思考之後，我寫下：

燈火理念：以獲得樂趣和成就感為目的，盡情享受投資過程，獲利只是隨之而來的獎賞。

燈火使命：傳遞價值投資的觀念，用熱情感染大眾，共同提升投資績
效，盡情享受人生。

我認為價值投資者和一般投資人最大的不同，可能就在於前者對於投資
擁有極大的熱情，大部分的人只是把股票投資視為獲利的工具，投資這件事
情對他們來說並不是特別有趣，只有獲利才是真的。但我希望燈火這個平台
可以讓大家看到不一樣的投資理念，不但能夠享受獲利帶來的喜悅，甚至連
投資的過程都充滿樂趣。

就像諾貝爾獎得主的喜悅，是來自探索與創造所帶來的樂趣與成就感，
獎金只是隨之而來的附屬品。當然，獎金也是很重要的，可以進一步提升喜
悅感。**對價值投資者來說，投資不只是為了達成目的的工具，它本身就是目
的**。在寫下上面那兩行文字的時候，連我自己都覺得有些矯情，但這確實是
我內心最真實的想法，所以我最後還是決定忠實呈現，也就不管噁不噁心，
矯情不矯情了。

除了我舉出的兩個目的之外，投資股票還有非常多其他可能的目的，例
如浪漫者可能想藉以拓展視野，甚至豐富人生；實際者可能單純為了資產配
置，維持資產的多元性；有些人則是有比較短期且具體的目的，例如 3 年後
買車、5 年後買房，或者累積 10 年後小孩上大學的資金；還有許多人則單純
只是喜歡交易帶來的快感，並不怎麼在意投資的績效，對他們來說，就是花
錢買刺激，和花錢去遊樂園玩雲霄飛車沒什麼不同。

無論目的為何，重點是自己要心中雪亮，搞清楚目的，不要錯亂，這是
非常重要的。否則一個單純喜歡交易快感的人，卻把極大部分資產和時間投
入股市，那結果可能相當悲慘。或者一個期望創造長期穩定現金流的投資人，
卻總是短線殺盡殺出，這些都是沒有真正搞清楚自己投資的目的。

• 投資一定要適性而為

　　若有人統計過我在粉絲專頁最常說的一句話，我猜應該是「投資一定要適性而為」，這句話幾乎可以成為我的座右銘了。我一直都認為**投資是非常個性化的事情，大師的觀點值得學習，但千萬不要試圖複製大師的投資策略，原因非常簡單，那就是個性不同、能力不同、知識背景不同，甚至連所處的市場也不同。**

　　所以我一直認為，一個剛進入股市的投資人，能夠愈早找到適合自己的策略，成功的機率就愈高。而前面討論剖析自己的個性，以及搞清楚投資的目的，都是為了更快地發展適合自身的投資策略。以我而言，我在考量自身個性，也思考了投資目的之後，就擬定了深入研究個股，集中投資並長期持有，和公司一起成長，穩定提升資產的大方向。至於更具體的投資策略，乃至於形成自身的投資哲學，這不會是一天兩天就能達成，至少我已經有了大方向，接下來可以邊做邊學，慢慢創立一個屬於自己的流派——燈火流。

　　每個人都不同，所謂一樣米養百樣人，那麼也就有百樣策略，所以我不可能把適合每個人的策略全部都拿出來討論。以我為例，下文說明我如何根據自身個性以及其他背景，初步設想一個適合自己的投資方向和策略。

　　首先，我痛恨虧損，所以不願意承擔任何的可能虧損。然而，如同我在第一章提到的，怕熱就不要進廚房，股價哪有可能只漲不跌，沒有人能總是買在最低點，也就沒有人能躲過某段時間、某檔個股帳面的虧損。我所採取的態度是，過程中的帳面虧損無可避免，其實也無需避免，只要賣出的時候沒有虧損就好了。是不是很天真，也很阿Q的想法呢？

　　但就是這樣的想法，影響了我的策略以及看事情的角度。為了盡可能不要虧損，我把眼光放長遠，短期股價的波動或者景氣的變動，我都不那麼在意，重點放在公司本身的競爭力，以及產業發展的大趨勢。透過深入研究，並且嚴格要求買進價格的安全邊際，如此一來，短期縱使可能出現帳面虧損，只要拉長時間，會極大降低真正虧損的機率。事實上，我投資以來還不曾出現實質虧損，賣出的時候都是獲利的，差別只在於獲利多少而已，這都要歸功於我看長不看短，深入研究又嚴設安全邊際的投資策略。

　　永裕（1323）是一家成立超過45年的上市公司，屬於塑膠製品業中的「塑膠日用品業」，主要產品包括塑膠瓶、蓋以及塑膠軟管等。2010 年以來 EPS 一直穩定在 2 元以上，並且在 2014 年首度突破 3 元。股價則是從 2010 年 15 元左右，一路漲到 2013 年底最高 50 元左右，隨後在 2014 年跌回 40 元以下。而我就是在這個時間點考慮投資它。經過一番調查，同時思考了機會與風險之後，我寫下以下文字：

　　公司為國內最大日用化學品容器生產商，主要產品包括塑膠瓶、蓋以及塑膠軟管等，產品在國內市占率約 50%。公司工廠分別在台灣及上海兩地，台灣永裕內外銷各占 50%，上海永裕 98% 皆內銷大陸市場。

　　公司產品屬於生活必需品，可替代性低，加上中國薪資大幅成長，帶動大陸內需市場，預期化妝品、保養品及醫藥包材需求將持續提升。公司在國內無競爭對手，相較於日本又有成本優勢，其他小廠大都打價格戰，品質較差，屬低階市場，永裕主要客戶都是長期合作的產業巨頭，顯示公司具競爭力，且公司持續朝高毛利產品發展，以積極創新的研發能力和穩定精緻的品質做出市場區隔。

　　塑膠瓶罐屬低進入門檻產業，產品轉換障礙低，隨著大陸東南亞廠商加入戰局，產品逐漸供過於求，殺價競爭激烈，中國最大廠商通產麗

星近期毛利率只剩 13％，連續幾季陷入虧損，然而永裕的毛利率不但沒有下滑，反而逐年提升，反映出公司具有較低的成本、較高的生產效率，以及產品往高端化妝品轉型成效，構成第一道護城河。

永裕從產品設計、模具設計開發、電腦輔助原料顏色配方設計、色母抽製，到製品製作及印刷、燙金、貼標、電鍍、塗裝，包材自動組裝到後製成加工，從塑膠原料染色到製造化妝品、清潔用品塑膠容器及軟管，提供完整一條龍式供應鏈，再加上轉投資威瑪精密化學的化妝品填充業務，如此一體化周到的服務牢牢綁住客戶，使得主要客戶都屬於長期合作關係，能早一步得知市場需求，具備資訊的優勢，構成第二道護城河。

公司每年可帶回大量的營業現金流，不但足以應付每年的資本支出，平均來說，過去 10 年每年還可以帶回超過 1 億元的自由現金流，加上公司現階段資金需求明顯降低，預期未來每年流入的現金進一步提升，強大的創造現金流入的能力，構成第三道護城河。

近年隨著公司擴產，營收大幅成長，營業費用控管得宜，毛利率與營益率雙雙提升。優秀的經營管理能力，構成第四道護城河。

相信以上四道護城河足以使永裕維持穩定獲利，值得長期投資。

從上面的文字可以看出，我著重在護城河的探討，也就是我想儘可能確保穩定獲利的能力。只要公司能有足夠的競爭力，即使短期遭遇一些逆風，長期來說，投資這樣的公司虧損的機率應該是很低的。這就是我的想法。所以我在 2014 年 6 月開始分批買進，一開始買進的價格在 35 元以上，後來股價下跌我還是維持原先策略，持續買進累積數量。

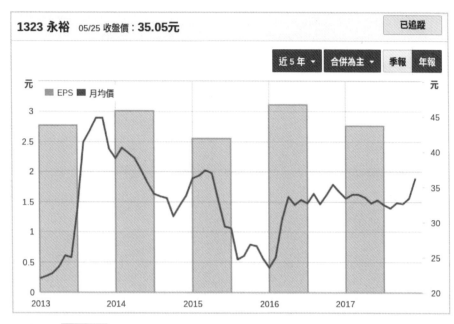

圖 2-3 永裕（1323）歷年 EPS 與月均價（2013 ～ 2017）

資料來源：財報狗

　　結果 2015 年公司遭遇逆風，營收和獲利都兩位數衰退，股價一路下跌，最低跌破 20 元。帳面上有很大的損失，但我並不認為自己已經虧損（沒有賣出就沒有虧損不是嗎？），還是維持既定策略，甚至再加快速度買進、低檔加碼，後來在 2018 年 1 月以 38 元的價格全數賣出，加計股利獲利大約 50%。

　　這不是一個多麼了不起的數字，但重點在於過程。事後來看，我明明買進的時機不佳，買在獲利大幅衰退的前 1 年，買進之後股價一路下跌，造成我的帳上虧損時間超過 2 年以上，為何最後卻還能以獲利 50% 出場呢？

　　很大一個原因，恰恰是因為我痛恨虧損，所以選擇看長不看短，以長線的競爭優勢，保護短線的營運波動。這樣的策略使我避開了一次又一次可能

的虧損，甚至轉換成不錯的獲利。同時也因為我痛恨虧損，所以我願意投入大量時間心力，學習價值投資，學習包含會計、產業甚至經營管理等相關知識，因為對我來說，虧損遠比學習這些知識痛苦多了。

我相信能做到這點最主要還是個性因素使然，雖然大部分人嘴巴上都說自己也痛恨虧損，但在我看來，他們並沒有痛恨到願意投入足夠多的時間心力，學習如何避免虧損。仔細想想，這其實還蠻奇妙的，痛恨虧損卻願意承受帳面大幅度的損失，聽起來真是矛盾，但其實願意承受短期帳面損失，反而正是換取長期獲利的關鍵。

因為我無法掌握短期的營運和景氣波動，但公司長期的競爭力反倒比較有跡可循，只要掌握的資訊足夠充分，分析合乎邏輯，就能夠對持股有一定的信心，相信一家競爭力足夠的企業，即便短期遭遇逆風，最後終究會恢復獲利能力，股價也會回到應有的價格。所以投資永裕的整個過程中，我完全沒有任何一絲擔心的情緒。

除了痛恨虧損之外，我身上其他個性特質，最終也都影響我所採取的投資策略。例如，我從小到大都不喜歡往人多的地方擠，我沒有參加過跨年活動，我討厭任何一窩蜂的行為，所以我投資從來不追熱門股，反而特別偏好冷門股，因此我稱自己的投資哲學為「人棄我取的冷門股投資哲學」。

我喜歡研究產業以及研究公司經營策略，交易對我來說一點樂趣也沒有，所以我不會一直變換持股，只為了追求短期一點點的蠅頭小利，我不會因為每次交易獲利 2% 而產生任何興奮的感覺。相反地，我喜歡通過深入研究之後，長期持有自己所認同的公司，追求長期穩定的獲利。我對於自己所相信的事情，有非常強大的信念，這是我的鮮明個性。

因此，自從我接觸到價值投資的理念，我就沒有任何一絲懷疑，所以不會因為股價下滑帳面虧損而動搖。這些都是我在仔細思考後，認為最適合自己個性的投資策略，但有極大可能不適合其他人，如果想要複製我的投資策略，或許可以先想想自己是否具備和我類似的個性。

總之，自從投資以來，我始終認為，投資一定要適性而為。許多人都希望找到一盞股市明燈，指引投資方向，所以會在網路上追蹤大量的投資達人。但其實大部分人都搞錯了，我認為真正的股市明燈在內不在外，大家應該向內求，而不是向外求。

投資達人也好，投資大師也好，他們的投資哲學與策略或許值得參考，但絕對不能企圖完全複製。初入股市的投資人，真正應該做的，是仔細檢視自己的個性，然後找出適合自己的投資策略，並且有紀律的執行，過程中再持續學習，以提升投資績效。不同的投資策略之間，只要合乎邏輯，我認為沒有孰優孰劣之分，只有適不適合自己的差別。

第3章

認識風險

　　若要說投資最重要的事，肯定是風險。絕大部分人投資之所以失敗，不是因為他們智商不足，而是因為他們對於風險的認識不足，以至於承擔了極高風險而不自知；或者因為貪婪，一心只想著提高報酬，以至於根本無視風險。天才如牛頓者，當年也一樣在南海泡沫裡慘賠。

　　價值投資者則是重視風險評估遠甚於追求報酬，我關注風險和報酬的比例大約是 8：2，換句話說，大約投入八成的心力在分析風險，剩下的兩成才是分析可能的潛在報酬。那麼，到底什麼是風險呢？

● 風險就是造成投資虧損的機率

　　風險兩字看似簡單，其實大有學問，若真要談，應該可以寫一整本專書了。接下來的討論出現兩種不一樣定義的風險，為了避免混淆，我把投資人買進一檔股票所承受的風險稱為「投資風險」；把企業經營可能遭遇的風險稱為「經營風險」。

　　學術界對於投資風險的定義是：「股價波動的程度。」某家公司過去股價波動愈劇烈，投資風險就愈高，反之則投資風險愈低。我認為這樣的定義只有一個好處，就是可以精確計算，學術界稱之為貝他值（ β 值）。除此之外，這個定義幾乎沒有任何意義。最嚴重的是，根本不合邏輯。難道一家獲利良好並且持續成長的公司，只因為股價波動大，投資風險就會高於獲利緩慢衰退，股價波動小的公司嗎？

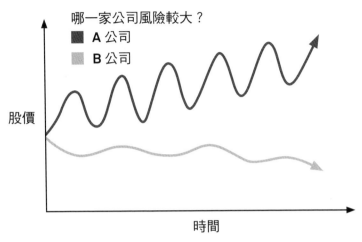

哪一家公司風險較大？
■ A 公司
▨ B 公司

股價

時間

圖 3-1 波動與否會會影響風險多寡？

資料來源：作者整理

　　現在就讓我以下面這張圖來說明這個觀點。圖中橫軸是時間，縱軸是股價，假設現在有 A 和 B 兩家公司，A 公司股價長期向上，但是波動劇烈，B 公司股價長期向下，但是走勢平緩，那麼哪一家公司的投資風險較大呢？

　　根據學術界的定義，顯然是 A 公司的投資風險較大，因為它的股價波動比較劇烈。但是如果同時投資這兩家公司，一段時間之後，持有 A 公司獲利的機率很高，而持有 B 公司則幾乎肯定會虧損。若根據學術界的定義，在這個例子裡，我們得到「虧損機率竟然和投資風險成反比」的荒謬結論。也就是說，虧損機率大的公司投資風險較小，虧損機率小的公司投資風險反而較大。

　　之所以會得到這樣奇怪的結論，最主要的原因在於，貝他值純粹只是統計過去的數據，完全沒有深入探討產業趨勢，以及公司經營管理的能力等等真正影響公司發展前景的因素。

　　對於學術界的研究人員來說，為了能夠寫成論文投稿，並被期刊接受，

需要能夠被精確量化的定義。以這個目的來說，貝他值非常有用，可以用來討論許多問題，而且可以用嚴謹的數學推導出重要的結論。但是對於投資者來說，能不能量化顯然不是那麼重要，一個無法量化但合乎邏輯的概念，要比精確量化卻不合邏輯的公式有意義多了。

　　以下舉出一間企業會可能會遇到的幾種常見風險，有財務風險、產業風險、競爭風險、系統性風險等，而這些風險同時也都是企業的經營風險，所以圖中箭頭全部指向中間的經營風險。

　　舉例來說，圖中列在產業風險裡面的成本提升，或者屬於競爭風險裡面的價格競爭，這些當然都是一間企業可能遇到的經營風險，所以接下來我一律以經營風險統稱。<u>這些風險本身其實沒什麼意義，因為幾乎每一家公司都會遇到，公司有多少競爭力，是否能夠克服這些內部和外部的風險才是重點，所以我們分析的主體在於公司，而不是那些風險本身。</u>因此，我們在思考風險的時候，自然要全面的考量才有意義，捨棄這些真實世界真正會遇到的經營風險不談，反而去討論股價波動程度，我實在看不出有多大意義。

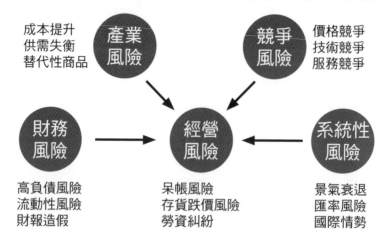

圖 3-2 企業可能會遇到的常見風險

資料來源：作者整理

　　根據這樣的認知，如果要為投資風險下定義，我認為：「風險就是造成投資虧損的機率。」這和貝他值恰好相反，它無法量化、定義模糊，但邏輯非常清楚且合理。當我們在評估一項投資的風險時，其實我們是在評估這個投資虧損的機率有多大。而這個虧損的機率取決於非常多因素，例如產業趨勢、公司策略、總體經濟、國際情勢……等，看似非常複雜，但我認為真正重要的只有一個，那就是買進價格，只要買的足夠便宜，以上所有因素都不再重要。這個定義等於把所有上面已經列出或者沒有列出的企業經營風險，都考慮在價格裡面，經營風險愈大，自然評價愈低，值得買進的價格就愈低。換句話說，經營風險評估是對企業估值的第一步。

　　舉例來說，宏達電（2498）在 2011 年 EPS 達到 73 元，如果我們在當時考慮投資宏達電，應該用多少價格買進，承受的投資風險才夠低呢？答案不在於幾倍的本益比，而在於我們是否有能力評估公司面臨的經營風險。如果我們沒有能力評估，那麼我們根本不應該投資，如果我們有能力評估，那以現在的後見之明來看，合理的價格大概不會超過 100 元。

　　是的，在當時 100 元根本不可能買得到宏達電的股票，但是既然我們評估經營風險非常大，那又何必非得投資它不可呢？

　　同時，評估經營風險其實也就是評估公司護城河，一家公司的護城河如果足夠強大，大部分的經營風險其實都不再是風險，也就是說，護城河愈強大，公司評價就愈高，值得買進的價格也就愈高。

　　台積電（2330）在 2010 年的時候 EPS 只有 3.5 元，如果我們在當時考慮投資台積電，應該用多少價格買進承受的投資風險才足夠低呢？答案跟前面提到的宏達電一樣，如果我們沒有能力評估公司的護城河，那就不應該買

進，如果我們有能力評估，以現在的後見之明來看，100 元以下都相當安全。當然，我們當時根本不需要花到 100 元就可以買到台積電的股票，所以如果當時買進，那麼虧損的機率是很低的。

基本上我把企業的經營風險和護城河看成一體兩面，護城河愈強大企業的經營風險就愈低，反之，護城河愈薄弱，企業的經營風險就愈高。值得注意的是，某些公司在自身領域也許有很強的競爭力，但如果因為產業的變革，就足以摧毀這家公司，那這也就稱不上什麼強大的護城河，投資人必須能夠判斷。

閎暉（3311）為全球第一大手機按鍵供應商，2010 年時股價超過百元，EPS 高達 8 元以上，看起來擁有相當不錯的競爭力，但是後來智慧型手機興起，觸控面板直接取代了傳統的手機按鍵，直接對閎暉造成巨大傷害，原先看似強大的護城河一夕乾涸，2014 年甚至造成每股 7.3 元的巨額虧損，目前股價也只剩下不到 20 元。

根據以上分析，我們的目標非常清楚，想要降低投資風險，就必須避免買貴。當然，這並不是一件容易的任務，但也不是極端困難。為了達到避免買貴，我們必須先搞清楚下面兩個觀念：

一、股價短期是投票機，長期是秤重機

短期來說，股價反映群眾的心理，當比較多人看好時，股價就上漲，反之則下跌。就好像是大家投票決定股價該上漲還是下跌，所以說短期股價像投票機。長期來說，股價反映公司實質獲利能力，公司獲利能夠持續成長，股價才會上漲。否則即便短期人氣再怎麼旺，股價再怎麼會漲，最終獲利不

如預期，還是會被打回原形。所以說股價長期像秤重機，反映每家公司實際上有幾斤幾兩重。

下頁圖（P.60）是佰研（3205）的日線圖，可以看到這家公司在 2018 年 2 ～ 5 月短短 4 個月內股價上沖下洗，根本毫無道理可言。只能說在某段時間突然市場集體看好它，所以股價大漲一波，後來市場又突然不喜歡了，結果股價又大幅下滑。

但如果把時間拉長到 5 年，從 2013 ～ 2017 年看，同時觀察它的 EPS 和月均價，就會發現它雖然在 2015 年獲利大爆發，帶動股價飆漲至 300 元以上，但由於無法持續維持，2 年後反而陷入虧損，股價也就被打回原形。所以無論短期股價如何變化，長期來說終究還是回歸公司基本面。

二、短期股價的高點，可能是長期的低點，反之亦然。

承上，短期股價波動幾乎是隨機的，時常沒有什麼道理可言，但是長期來說卻可以真實地反映公司獲利能力。因此，在買進股票的當下，投資人很難判斷自己是買在短期的高點還是低點，而且很有可能幾個月後發現自己買在短期高點（低點），幾年後再看卻是買在低點（高點）。

這種經驗我屢見不鮮，所以我時常在粉絲頁自嘲，說我有燈火魔咒，只要我買進，該檔個股就一定會下跌，所以我時常買在短期高點。但再過一段時間回頭看，當時的高點反而變成低點了。如果把注意力都放在抓住短期低點，而忽略了公司長遠的發展，結果很可能抓住了短期低點，卻買在長期高點。

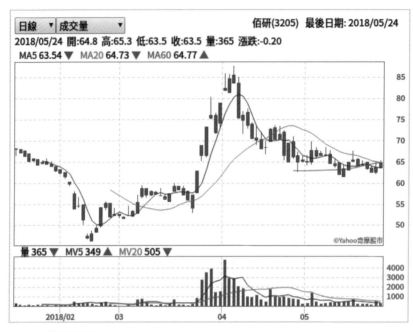

圖 3-3 佰研（3205）日線走勢圖（2018/2 ～ 2018/5）

資料來源：Yahoo! 股市

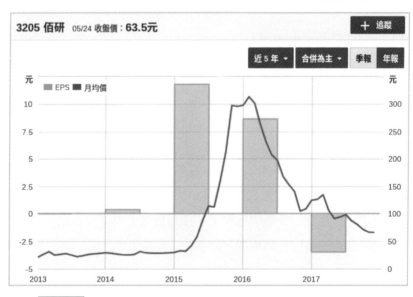

圖 3-4 佰研（3205）歷年 EPS 與月均價（2013 ～ 2017）

資料來源：財報狗

相反地，如果時時刻刻關注的都是公司長遠的發展，那麼即使買在短期高點，也很可能其實是抓住了長期低點。所以不需要太在意是否買在短期低點，重點是賣出的時候能否獲得滿意的報酬，在那之前帳面損益都只是短期波動罷了。

將以上兩點牢記在心之後，我們立刻可以推出一個結論：**想要降低風險，應該關注公司獲利能力，而不是短期股價走勢**。那麼具體應該如何做呢？我認為至少有以下 3 種策略：

一、挑需求穩定且產業寡占的公司，並且只在本益比足夠低的時候買進。

這個策略背後想法很簡單，如果一間公司的產品需求穩定，代表公司的產品過去賣得出去，未來應該也都賣得出去。產業寡占代表競爭比較不激烈，而且不容易有新的競爭對手出現，公司未來穩定獲利的機率較高，這樣的公司即便成長性不高，只要在本益比足夠低的時候買進，長期持有虧損的機率應該不大。

例如我在 2013 年買進花仙子（1730）就是這種思維。花仙子的主要產品包括芳香消臭類、除濕類、驅塵潔淨類及清潔劑等系列，前三者合計占營收比重超過九成，在台灣都具有寡占地位，市占率都超過五成，除濕產品市占率更接近八成。而且這些都是需求穩定，不容易被取代的民生用品，這樣的公司獲利通常會比較穩定，如果在本益比偏低的時候買進，長期來說虧損的機率不大。

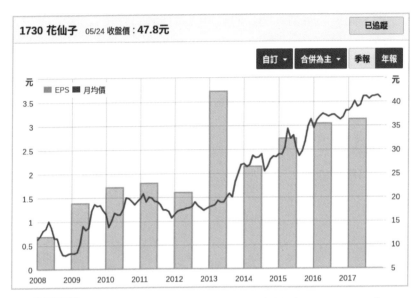

圖 3-5 花仙子（1730）歷年 EPS 與月均價（2008 ～ 2017）

資料來源：財報狗

　　圖 3-5 顯示花仙子 2008 ～ 2017 年的 EPS 和月均價，可以看到公司獲利和股價都持續提升。很可惜當時的我還太嫩了，對於公司的價值判斷還不夠有信心，就在 2013 年那段陡峭的上漲時，獲利 40％出場。現在回頭看，這是一個至少超過 100％報酬率的損失，而且這還不包括配息喔。抱不住好股票，損失真的是很嚴重。

二、挑股價淨值比低，且資產價值容易衡量的公司。

　　這個策略背後的想法也很簡單，就是把公司持有的資產秤斤論兩地賣，如果即使以很保守的方式評估，公司帳上資產價值仍舊高於市值，那麼投資這樣的公司風險應該也不高。

　　我在 2016 年投資全漢（3015）就是這種思維。當時我投資它的時候，公司帳上現金滿滿，持有旭隼（6409）市價超過 27 億元，幾乎沒有長短期借款，當時買進的時候，股價淨值比只有 0.5 倍左右。後來公司業績每況愈下，本業陷入連續虧損，但因為具有資產保護，後來小幅獲利出場。

　　從圖 3-6 觀察全漢 2013 ～ 2017 年的營業利益和稅後淨利，可以看到雖然反應本業的營業利益持續下滑，2014 ～ 2017 年甚至有 2 年陷入虧損，稅後淨利卻只有小幅的下滑，原因就在於全漢持有大量旭隼股票，透過適度賣出部分持股，就能夠有效維持 EPS，不至於太過難看。然而這種做法終究無法持久，如果本業遲遲無法回穩，甚至繼續惡化，那麼有再多資產保護也是枉然。我就是在判斷全漢短期間本業不容易好轉的前提下，果斷賣出持股。

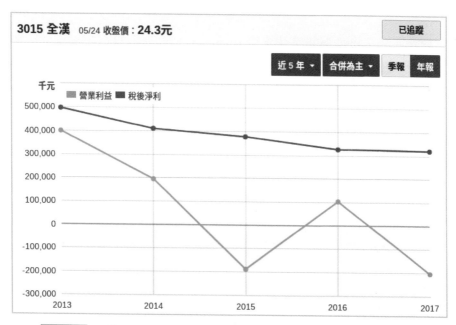

圖 3-6 全漢（3015）歷年營業利益和稅後淨利（2013 ～ 2017）

資料來源：財報狗

三、透過深入研究，提高對公司估值的準確性，然後在股價低於估值足夠多的時候買進。

這種策略就是標準的價值投資策略，一切的重點就在於估值，只要能夠對企業做出合理的估值，那麼只要買進的價格遠低於估值，投資風險肯定很低，而且潛在報酬很高。

我投資大洋 -KY（5907）就是如此。當時投資的時候，經過非常仔細的調查後，我相當確定它遭到大幅低估。於是我在 25 元以下大量買進，在寫這段文字的時候，短短幾個月，股價已經漲到 36 元以上，而我對它的估值還遠高於此，所以目前仍舊持有，尚未賣出。到底我的看法是否正確，也還有待時間檢驗。

順帶一提，目前為止，這是唯一一檔不是完全由我自己發掘的個股，是由朋友推薦，然後我自己對它進行分析和估值而抓住的一檔價值低估的個股。所以說投資還是不能閉門造車，多和投資同好一起討論分享，會有效率得多，這也是我成立燈火闌珊處粉絲專頁的原因之一。

很明顯的，以上 3 種方法，前面 2 種操作相對簡單，但對公司的了解的程度比較低，所以最好搭配分散持股的策略，進一步降低風險。第三種方法我認為是最佳策略，但缺點是操作困難，必須花費大量心力，但如果能夠做到，顯然風險會降到最低，且預期報酬最高。

● 避開高本益比的股票

雖說股市投資沒有固定法則，但我還是建議，如果想要儘量避免虧損，

一般人最好避開高本益比的個股。一般來說，市場給予某公司高本益比，是反應公司未來的預期成長性較高。如果這個預期成真，那麼高本益比就可能維持。但如果實際成長不如預期，就可能出現本益比下調，而造成雖然獲利成長，股價卻不漲反跌的現象。有些投資人可能會因此摸不著頭緒，而疑惑明明獲利成長，為何股價反而下跌。其實原因就是市場對於公司成長的預期更高，而這個預期也已經反應在股價上，這就是高本益比的由來。

圖3-7顯示振樺電（8114）在2016～2018年裡，月均價從190元以上高點，一路下跌至目前的120元（2018/5），跌幅約40％。若再看本益比變化，本益比從高點的23倍以上，下調至13倍，調整幅度也是40％左右，所以股價下跌幾乎都來自本益比的下調，公司獲利其實沒有明顯的衰退。在這段期間買進振樺電的投資人，可能會覺得有點悶，明明獲利不差，股價卻大幅下跌，其實當他們決定在本益比偏高的時候買進之時，就應該要了解存在這個風險才對。

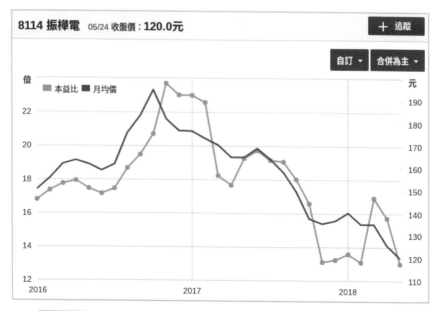

圖 3-7 振樺電（8114）歷年本益比與月均價（2016～2018）

資料來源：財報狗

投資高本益比公司可能遇到最慘的情況，還不只是上述成長不如預期造成本益比下調，而是不但預期的高成長性沒有發生，反而陷入衰退，那麼本益比可能下調的更多，再加上獲利也下滑，而股價就是 EPS 乘上本益比，在這兩個因子同時下降的情況下，股價只有重挫一途，這就是所謂的戴維斯雙殺（Davis double-killing effect）。這大概是投資人可能遇上最凶險的情況之一，但是要避開這種慘劇也不難，只要避開高本益比的股票就可以了。

劍麟（2228）過去一直維持在較高的本益比，然而在 2016 年中股價和本益比達到高點之後，雙雙開始下滑。可以看到月均價從 225 元以上高點，一路下跌至目前的 89 元，跌幅約 60％。本益比從高點的 25 倍以上，下調至 13 倍左右，調整幅度約 48％。所以股價下跌不完全來自本益比的下調，還包括公司獲利的衰退。

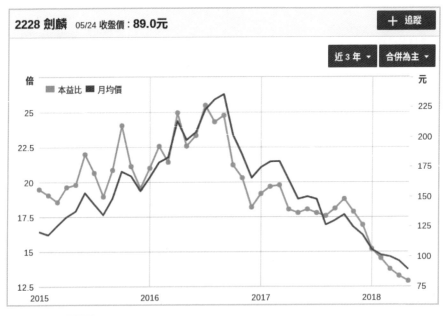

圖 3-8 劍麟（2228）歷年本益比與月均價（2015～2018）

資料來源：財報狗

進一步說明，假設某家公司過去幾年每年獲利成長 20%，於是市場給予 20 倍的本益比評價。以下我們來一一檢視 1 年後各種可能的情況，以及預期報酬率。

一、公司業績進一步成長，獲利成長 30%，本益比進一步提升至 25 倍，股價因此上漲 62.5%；

二、公司維持獲利成長 20%，本益比不變，因此股價上漲 20%；

三、公司獲利成長趨緩，剩下 10%，本益比跟著下降至 15 倍，股價因此下跌 17.5%；

四、公司獲利持平，本益比剩下 12 倍，股價因此下跌 40%；

五、由於競爭激烈，公司獲利反而衰退 10%，本益比僅剩 10 倍，股價因此下跌 55%；

六、公司不但遭遇激烈競爭，又遇上經濟泡沫破裂，股市崩盤，獲利衰退 20%，本益比只剩下 8 倍，股價因此下跌 68%。

以上 6 種版本，投資人顯然希望看到第一種版本。然而根據經驗，一家公司要維持高速成長是非常不容易的，通常了不起只有幾年好光景，就會因為吸引更多廠商投入競爭，而喪失超額利潤。甚至由於競爭力不敵後進者，獲利不增反減，最後慘遭淘汰者，也時有所聞。縱使我們假設以上 6 種情況發生機率都相同，那麼投資人持有 1 年後，投資報酬率的期望值也會是慘不忍睹的 -16%。這就是為什麼一般人應該避開高本益比個股的原因。

作為對照，現在來看看低本益比的情形。假設某家公司過去幾年每年獲利僅成長 5%，市場只給予 10 倍的本益比，1 年後：

一、公司獲利爆發，成長 20％，本益比上調至 16 倍，股價因此上漲 92％；

二、公司獲利稍微提升，成長 10％，本益比上調至 13 倍，股價因此上漲 43％；

三、公司持續 5％成長率，本益比不變，股價上漲 5％；

四、公司獲利持平，本益比降為 9 倍，股價下跌 10％；

五、公司獲利衰退 10％，本益比降為 8 倍，股價下跌 28％；

六、公司獲利衰退 20％，本益比剩下 6 倍，股價下跌 52％。

我們同樣假設以上 6 種情況發生機率相同，則投資 1 年的投資報酬率期望值為 8％，比高本益比的 -16％好太多了。應該不用我再多說了吧，投資低本益比公司明顯風險較低，潛在報酬更高。事實上，早就已經有眾多研究顯示，長期而言，相較於高本益比的投資組合，低本益比的投資組合報酬較高，且風險較低，我實在不了解為何那麼多人喜歡追逐高本益比的個股。

當然，這不代表低本益比的公司都值得投資，也不代表高本益比的股票都不能投資，重點在於對公司和產業的了解程度。許多公司之所以本益比偏低，就是因為前景堪慮，現在的低本益比，也許 1 年後變成高本益比，甚至公司陷入虧損也時有所聞。

另一方面，如果對產業調查得夠詳盡，對公司研究得夠深入，因此對於公司未來成長性的判斷有相當的信心，那麼當前的高本益比，對照未來的成長性來說，或許反而變成低本益比了，投資這樣的公司，有時候不但風險不高，反而能夠獲得極高的報酬。但這顯然需要更深厚的功力，一般投資人還是避開為妙。

• 風險就是無知的程度

前面提出投資風險的第一個定義是：「風險是造成投資虧損的機率」。這個定義的優點是非常合理，缺點是過於模糊。當然，即便如此，它還是一個非常有用的定義，給我們的投資指引了大方向。

現在我想提出關於投資風險的第二個定義：「風險就是無知的程度」。我認為<u>投資風險來自無知，有多少無知就有多少風險。一個人不可能全知，所以投資必然有風險</u>。這個定義相較於第一個定義，顯得更加具體一點。由於更加具體，能夠延伸討論的議題也就更多一些。

讓我用兩張圖來解釋。圖 3-9 左圖縱軸是風險，橫軸是無知程度。無知程度也可以解釋為不確定性，一個人若無知，未來就充滿不確定性，若全知，就不會有任何不確定性，所有事情對他來說都是確定的。

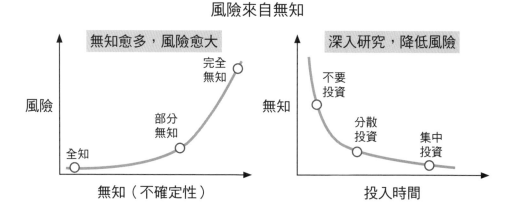

圖 3-9 風險來自無知

資料來源：作者整理

　　理論上，橫軸的範圍應該是零到無窮大，然而實際上沒有人是全知的，愛因斯坦說過：「天才和愚蠢之間的區別就是天才是有極限的。」所以無知程度不可能降到零，但卻可以十分趨近於無窮大。從圖中可以看到，風險和無知程度呈現正相關，但卻不是一條直線，而是曲線。當無知程度為零，也就是達到全知狀態，風險也會等於零。隨著無知程度增加，風險也會開始上升，但是不會是直線上升，而是一開始上升得比較緩慢，當無知達到某一程度之後，風險開始快速上升。因此，雖然我們無法達到全知，風險無法完全消除，但我們可以退而求其次，盡可能將無知程度降低到某一程度之下，這樣其實就足以大大降低風險了。

　　為什麼這張風險和無知的關係圖不是一條直線，而是左半部平緩右半部陡峭的曲線呢？我想可以從曲線最右邊的極端情況，也就是完全無知的狀態開始解釋。當某人對於所投資的個股完全無知時，他所承受的風險肯定最大，因為他根本連自己買了什麼都不知道，他也許剛好買到一家即將破產的公司，也有可能買到一家獲利大好的績優股，一切全憑運氣。這當然不是投資，純粹是賭博，本質上和擲骰子比大小沒什麼差別。而且這還是比較好的情況，因為如果真的是隨機選股，在不考慮其他諸如景氣或市場等因素的情況下，獲利的機率或許也能夠接近50％。

　　然而實際情況是，此類投資人通常不是隨機選股，他們可能是根據報章雜誌或者投顧老師的推薦選股，光是這點就足以大幅降低獲利機率，更何況再加入人性心理面的弱點之後，結果就是一再地追高殺低，獲利的機率幾乎是趨近於零。所以每當聽到有人說投資股市和賭博沒兩樣，我都深深不以為然，賭場的設計是讓賭客獲勝的機率在45％左右，而一般不做功課、只喜歡追明牌的散戶投資人，長期勝率肯定趨近於零。統計顯示，九成的散戶在股市是虧損的。所以這兩者怎麼會一樣呢？應該是有極大的不同吧！

接下來沿著曲線往左移一點,我們考慮另一群人,相較於前面那群完全不做功課完全無知的投資人,這群人願意花一點點時間,至少去了解公司的業務是什麼,以及過往的財務數字。他們基本上對於所投資的公司還是相當無知,但不是完全無知,至少他們清楚公司過去獲利狀況,以及一些基本的財務數字,如 EPS、毛利率等,所以處於部分無知的右半部。

雖然他們對於公司的了解仍舊極為膚淺,但以統計來說,過去一直表現優秀的公司,未來繼續表現優秀的機率,通常比過去表現不佳的公司高得多,所以只要稍微搭配一些紀律,例如前面提到的不買高本益比公司,他們承擔的風險肯定會比最右邊完全無知的人降低很多,這就是為什麼這個區域曲線比較陡峭,風險隨著無知降低而快速下降。然而這個區域終究風險還是偏高,如果投資只做到這種程度,我認為還是不可取。

沿著曲線再往左邊移一點,來到部分無知的左半部,這個區域對公司的了解,就不僅僅只是粗淺的財務數字而已了。而是不但對深入的財務數字知之甚詳,甚至對於公司的經營策略、商業模式、產業前景以及競爭對手等,也都有一定程度的了解,甚至可以大致預測公司未來的發展。所以這個區域的風險一定會更低,但是下降的速度就沒有曲線右半部這麼快,這是因為這個區域已經進入質化分析,影響公司未來獲利的因素非常多且複雜,即便深入分析並掌握了其中一半,風險也不會比只掌握三分之一的人大幅降低。

但是無論如何,我認為想長期在股市獲取合理報酬,進入這個區域是必要的。如果我們把曲線從中間簡單二分,右半部的投資人基本上還是靠運氣,只是程度有所不同。而左半部的投資人,才真正有能力,靠實力避開地雷,同時抓住比較豐厚且確定性高的獲利機會。

• 集中投資 vs. 分散投資

　　既然如此，應該如何降低無知程度呢？答案是唯有透過「深入的研究與嚴謹的分析」才能達成。圖 3-9 右圖縱軸是無知程度，橫軸是投入研究的時間。投資人如果對於投資標的完全沒有投入任何時間心力，那麼無知程度必定相當高，這種情況下投資風險必然很大。

　　隨著投入的時間增加，無知程度也會隨之降低，但並不會呈現直線降低，而是一開始會降低得比較快，當無知降低到某個程度之後，接下來想要繼續降低就會變得愈來愈困難，這使得我們無論如何努力，都無法消除所有無知，也就是不可能達到全知狀態。

　　換句話說，如果想降低無知，就必須付出努力。但是你付出的努力，和所得到的回報，並不是成正比的。開始的時候會覺得只要付出一點點努力，就可以獲得相當大的回報（無知程度快速降低）。然而當無知降低到某個程度的時候，投入更多的努力，卻只能換回愈來愈少的回報（無知程度緩慢降低）。這就好比一個完全不讀書的中學生考試考了個零分，下次只要稍微花點時間準備，也許就可以輕鬆進步到 40 分。但是想要從 40 分進步到 80 分，所需要投入的心力，可能要增加好幾倍。

　　這就讓我們陷入抉擇：到底應該投入多少努力？我們應該投入 50％的努力以降低 50％的無知程度，還是投入 90％努力以降低 80％的無知呢？答案是因人而異，必須適性而為。前者對於每一檔個股的了解都比較膚淺，但需要投入時間較少，學習的門檻較低，能夠同時投入更多檔個股，適合那些既沒有時間，也沒興趣深入學習諸如會計或產業等相關知識的投資人。後者對於所研究的個股了解的比較深入，但需要投入相當多的時間心力，學習的門

檻較高，因此只有餘力投入少數幾檔個股，適合那些願意花時間，也樂於學習相關知識，追求與其略懂大量公司，不如精通少數公司的投資人。

這就自然地將我們引導到一個許多投資人常問的問題：應該集中投資還是分散投資？答案顯然也是因人而異，但上面的討論可以提供建議。

為了簡化討論，我簡單將所有投資人分成 3 類，分別位於圖 3-9 右圖的 3 個區域。處於最右邊的投資人，相較於分散投資，我認為他們更適合集中投資。因為既然他們處於圖中最右邊，顯示他們在個性上樂於學習，也有能力做深入研究，這其實就是他們的優勢。如果他們選擇深入研究少數幾檔個股，儘可能地了解這些公司，就能夠大幅降低無知程度，那麼他們承受的風險其實並不如一般人認為的那麼大。

同時，由於對所投資的公司知之甚詳，比較清楚公司的價值，自然容易買到便宜的價格，買的愈便宜自然風險就愈低，同時潛在報酬愈高。一般人都把風險與報酬成正比當成普世智慧，但對於採取深入研究集中投資的價值投資人而言，風險卻是與潛在報酬成反比的，也就是風險愈低，潛在報酬反而愈高。這麼好康又違反自然規律的事情，可是只有深度價值投資人才享有的喔！

處於圖中中間區域的投資人，他們因為對於公司的研究不夠深入，所以並不適合集中投資。但相對的，要達到這樣程度的了解，他們對每一家公司投入的時間也不需要太多，可以同時調查更多公司，所以他們適合分散投資。分散投資是為了彌補他們對於公司了解的不足，但他們並非完全無知，所以我認為也無須過度分散。

　　至於處於圖中最左邊區域的人，他們對於所有投資標的之了解都嚴重不足，幾乎處於完全無知，因此每一筆投資都承受相當大的風險。對於這些人來說，我認為最好的策略就是不要投資，若一定要投資，那就嚴格遵守被動投資，定期定額買進像 0050 這種指數型基金才是上策。這些人愈是主動投資，通常結果愈是慘不忍睹。

　　具體應該持有幾檔個股比較合適，那就看對於每家公司的無知有多少。舉例來說，如果深入研究 5 家公司，可以將無知降低到 20%，研究 10 家公司，由於分散心力，所以只能將無知降低到 50%。那麼究竟是持有 5 檔還是 10 檔個股比較安全？如果把 20% 的無知，看成對於一家公司判斷正確的機率達到 80%，50% 的無知代表 50% 的機率看對，那麼我認為集中投資會是比較好的選項。

　　但是由於邊際效益會遞減，初期的努力很容易看到效益，對於一家完全不了解的公司，可能只要稍微研究一下，就可以達到 50% 的無知。但若要繼續降低，要花費的時間心力會大幅增加。所以有可能再怎麼努力，對於一家公司的無知還是只能降低到 30%，而同時研究 10 家公司可以降低到 40% 的無知，在這種情況下，投資 10 檔可能要比 5 檔個股來得好。

　　所以一個投資組合應該包含幾檔個股，實際上是因人而異的。由於無論再怎麼努力，我們還是不可能消除無知，所以剩餘的風險，只能透過分散持股來進一步降低。我認為應該介於 5 ～ 20 檔，低於 5 檔風險太大，而高於 20 檔也不會降低多少風險，反而有損報酬。

　　說了那麼多，到底集中投資和分散投資何者風險較大？持平地說，我認為各有其所需要面對的風險。集中投資在少數幾家深入研究的公司，因為對

每一家公司的了解比較深入,也就是無知比較少,所以每一筆投資承受的風險都相對低;但因為資金集中,所以只要其中一筆投資發生重大損失,情況都會比較嚴重。

分散投資在眾多公司則剛好相反,對於每一筆投資幾乎都是無知比較多,也就是每一筆投資風險都比較大。但因為資金分散,所以不會因為少數失敗投資而危及整體資產。如果以量化的角度來說,集中投資在少數幾檔低風險的標的,風險絕對低於分散投資在一堆高風險標的上。例如投資在 5 檔風險值為 1 的標的,風險絕對比投資在 10 檔風險值為 5 的標的要低。這就好比集中投資 5 家像台積電這樣的公司,風險應該還是低於分散投資在 10 檔樂陞這樣的公司。

然而如果不幸遇上罕見的黑天鵝事件,集中投資還是有可能面臨嚴重損失。所以集中投資者的策略,除了設法將每一筆投資的風險儘可能地降低之外,還要確保黑天鵝事件發生時不會慘遭滅頂。如果能做到這點,那麼實質風險其實比分散投資更低,巴菲特就是採取這種策略。

另外,集中投資者既然投入大量心力,當然不會只是為了降低風險。前面也說過,**對於深度價值投資者來說,風險是和報酬成反比的**,**集中投資者努力降低風險,也就等於努力提升報酬**。具體來說,集中投資者不會平均分配投資組合裡面個股的比例,而是會根據看好程度配置,最看好的配置最高比例,較不看好的配置就低一些。而且集中投資者不應該機械式的設定停利或停損點,一切都是基於價值來判斷。而分散投資人剛好相反,他們對於所投資的個股無知程度都較高,最好平均配置,同時嚴格設定停利停損點,機械式操作,應該是比較合適的策略。

　　智邦（2345）在 2015 ～ 2018 年這 3 年內的股價從低於 20 元，上漲至高點 100 元以上，這是超過 5 倍的漲幅。如果是分散投資者在 20 元低點買進，因為嚴格設定停利停損點，他們很可能在獲利 20％就獲利了結，錯失了後面一大段漲幅。而且因為分散投資，買進的數量肯定不會太多，實際獲利數字也就不會太令人興奮。

　　相對的，如果是集中投資者在 20 元低點買進，由於研究較深入，對公司價值判斷較準確，自然有比較大的機會長期持有，而獲取整段漲幅。更重要的是，他們買進的數量肯定不少，所以獲利相當豐厚。這樣的機會只要抓到一次，大概就足夠吃好幾年了。

　　當然，對於集中投資者來說，智邦是個正面的例子，有正面當然也就會有反面。東隆興（4401）在 2015 ～ 2018 年裡，股價由高點 130 元以上，一路下跌至 60 元以下，跌幅超過五成。如果是一個分散投資者在高點買進，一來數量不會太多，二來嚴設停損點，大概會在一兩個月內停損出場，資金的損失不會太大，也不會耗費太多時間成本，可以儘快解放這些資金，另尋其他標的。

　　然而如果是集中投資者，理論上他們研究比較深入，不太容易買在高點套牢，然而馬有失蹄人有失足，如果不小心恍神看錯，一來可能買進不少數量，二來可能拖得比較久才決定停損，於是不但讓資金損失擴大，時間成本的損失也非常可觀。

　　到底應該採取分散投資還是集中投資，這是非常重要的決定，而且兩種策略的思考模式很不一樣，一定要足夠了解自己，深思熟慮之後再做出決定。如果思考之後還是不能確定自己到底適合哪一種策略，那麼答案大概就是分散投資了。

• 在能力圈內投資

　　無論把風險定義成投資虧損的機率，還是定義成無知的程度，風險評估都不是一件容易的事情，但是這不代表每一家公司的難度都相同。如果要把所有公司分類，會分成困難和太困難兩類，前者大概占兩成，後者大概占八成，然後我會把歸類為太困難的公司全部剔除，只專注在剩下的兩成裡面，尋找自己比較容易理解的公司，這也許只剩不到一成，如果畫個圓圈把這些公司圈起來，那這個圓圈就是我的能力圈，圈內的公司我或多或少有能力評估風險，圈外的公司我就無能為力了。

　　每個人都可以畫一個屬於自己的圈圈，圈圈大小並不重要，重點在於自己是不是很明確知道邊界在哪裡，乖乖待在圈子裡面，就是成功投資的第一步。投資已經很困難了，千萬不要隨便跳到圈子外面，把事情搞得更複雜，這樣很容易弄得灰頭土臉，就像周星馳電影《九品芝麻官》裡面的一個橋段：

包龍星：「未傳你，你就出來讓我罵，你不是做賊心虛就是身上有　　　　　屎，你說啊你！」

方唐鏡：「我是跟其他鄉民一起來看熱鬧的，只是往前站了一點，　　　　　我退後就是了。」

包龍星：「往後站、往後站，退到黃線外，往後站。」

方唐鏡：「唉呀，我跳進來啦，怎樣？我又跳出去了……唉呀，我　　　　　又跳進來啦！打我啊笨蛋！」

　　投資人如果沒事就跳出能力圈外，就像對著市場放嘲諷技，最後大概就是像方唐鏡一樣，被市場痛扁一頓。

　　能力圈是一個抽象的概念，前面只是為了方便說明，好像我事先已經把所有公司分類完畢，那些公司屬於能力圈內，哪些在圈外，都一清二楚。實際上我們投資的時候不可能這樣做，而且也沒必要這樣做，因為太花時間，一點效率也沒有，投資如果這樣做，那大概永遠沒辦法開始了。

　　只需要在看到一家公司的時候，能夠判斷自己是否能夠理解它的業務，而不需要事先知道自己理解哪些公司的業務。這兩者是不一樣的，前者是看到再判斷，後者是事先已經把所有公司都分類完畢。所以**所謂的不要跳出能力圈，意思就是不要投資自己看不懂的公司**，就是這麼簡單！

　　但其實也沒那麼簡單，問題在於如何有效率地判斷一家公司是否在自己的能力圈內呢？

　　首先，不要小看有效率這件事，每個人的時間都很寶貴，尤其大部分人有正職工作，還有家庭生活，能夠投入研究個股的時間非常有限，如果要花上 1 個月才能判斷某家公司自己是否能理解，那問題就大了，因為你可能花上 1 年也找不到 1 間，如果是這樣，那最好還是不要主動投資比較好。我的做法是，先看看公司年報營運概況那一章，如果能夠很快看完，且大致理解，那通常就屬於能力圈內，否則就不是。使用這種方法通常半小時內我就能判斷，這樣才能夠快速找到能夠理解的公司，並決定是否進一步研究。

　　記住，能力圈的重點不在於大小，而在於清楚邊界在哪裡，也就是說人要有自知之明，到底自己對於某家公司是真的能夠理解，還是自以為能夠理解，分清楚這兩者是非常重要的。如果真的能夠理解，那麼透過進一步分析和思考，就能夠降低無知程度，才能夠比較準確的評估風險。如果是自以為理解，實際上卻是誤解，那麼可能會掉入不知道自己無知的陷阱，風險反而

更大。所以說價值投資確實不容易，但它所要求的能力卻又很基本，乍看之下非常簡單，就像人要有自知之明這樣基本的要求，可是實際上能做到的人並不多。

　　前面說「乖乖待在能力圈內是成功投資的第一步」，或許應該改成「有自知之明是成功投資的第一步」才對。另外，能力圈也不是固定不變的，我們可以透過持續學習來擴大能力圈，所以有些公司也許幾年前不在圈內，幾年後卻被圈進來了，這也就代表自己成長了，而成長總是喜悅的，尤其對價值投資者來說更是如此。

第4章

閱讀財報

　　許多投資人似乎患有財報恐懼症，總把閱讀財報視為畏途。有些人則宣稱財報都是落後指標，依據財報投資就像看著後照鏡開車，藉此合理化自己不讀財報的決定。其實閱讀財報非常有趣，而且不但不落後，還非常前瞻。對我來說，藉由深入地分析財報來挑選好股票，就像解析達文西密碼以找出聖杯一樣有趣。想找到投資的聖杯嗎？第一個線索就在公司財報裡，準備好你的煙斗、帽子和放大鏡，像個福爾摩斯一樣，解開一個個謎題吧！

● 閱讀財報的基本原則

　　會計是商業的語言，公司財務報表是以這個語言表達，所以要讀懂財報，自然要先學習會計。但會計是一門非常專業的學問，一般人不容易精通，所以才會造成許多人患有財報恐懼症。但其實我們的目的並不是精通會計，而是抓住財報的重點，所以只要了解最基本的觀念，例如資產負債、營收毛利、成本費用等等，掌握一些要領，閱讀財報這件事絕對沒有想像中困難。

　　就像很多人覺得英文聽力很難，學英文學了十幾年，或許讀寫能力很強，遇到老外卻還是鴨子聽雷，這是因為他們搞錯方向，以為多背一些單字，多學一些文法就能聽懂。其實如果目的是能夠和老外溝通，那麼重點根本不在於是否記得大量單字，或者精通英文文法，而是要能夠掌握關鍵字。我本身英文程度普通，但以往在學校時常和老外交談，通常對方說了一大段話，我可能只聽到幾個關鍵字，就可以完全掌握對方的意思，這是因為我花了很多時間看美劇，而不是把時間花在背單字。讀財報就像學英聽，掌握重點才能事半功倍。

　　然而，掌握重點只是第一步，若想真正藉由閱讀財報來趨吉避凶，那麼就必須進一步做財務的分析和解讀，這就不是那麼容易了，但是依舊不需要精通會計，只需要了解基本會計知識就足夠了。因為重點不在於知識的多寡，而是在於是否懂得活用。就像認識 50 萬英文單字的人，相較於只認識 5 萬字的人，文章也不見得寫得更優美、更精彩。

　　周星馳電影《食神》裡面提到：「一碗雜碎麵能夠做得好吃也不容易！因為愈簡單的愈難嘛！」我們大部分投資人都不是會計專業，手上沒有海參、鮑魚或魚翅等高檔食材，只有魚丸、豬皮和蘿蔔這類普通食材。所以我們的目的不在於做出一道高貴的佛跳牆，而是做出一道看似稀鬆平常，實則驚為天人的雜碎麵。這部分需要的是創造力和想像力了，皮克斯的電影《腦筋急轉彎》（Inside Out）裡面提到：「想像力無限大！」這是真的！這也是為什麼財務分析是一件非常有趣的事情。

　　財務報表可以分為資產負債表、綜合損益表、現金流量表、股東權益變動表——四大報表，再加上財務報表附註，就是一份完整的財報。什麼是閱讀財報的要領呢？我歸納為以下 4 個基本原則。

一、大數法則——數字愈大愈重要

　　「財報裡面密密麻麻的都是數字，一看就頭痛！」這恐怕是許多人心中共同的想法。沒錯，財報裡面確實是密密麻麻的一堆數字，但其實重要的根本沒幾項，只要搞清楚這幾項就夠了，其他的數字就當作雜訊，不要理會就好了。

　　那麼，哪些數字重要，哪些不重要呢？原則很簡單，數字大的重要，數字小的不重要。所以以後讀財報，只需要快速掃過，把數字大的項目抓出來，

花時間搞清楚他們即可。這一招絕對可以將一件不可能的任務（搞清楚所有數字），立刻變成可能（搞清楚少數重點數字），而且不但可能，還不困難。

每一家公司都不一樣，不同產業也有不同特性，所以重點數字也會各異。這裡以製造業為例，通常不外乎以下幾項：現金、金融資產、應收帳款、存貨、廠房設備、應付帳款以及銀行借款等等，搞清楚這幾項，大概等於搞清楚資產負債表的八成以上了。而**資產負債表是四大報表裡面最重要，資訊最豐富的一張表，只要搞清楚資產負債表，其他無論是綜合損益表、現金流量表，還是股東權益變動表都相對容易多了。**

圖 4-1 節錄自居易（6216）2017 年年報的資產負債表的資產部分，使用大數法則，我們一眼就可以看出，公司資產部分占比超過 10％的項目只有現金、其他金融資產，以及不動產、產房及設備，除了這 3 項之外，其他都不超過總資產的 10％，甚至連應收帳款和存貨都只占總資產的 8％。

當然，這兩項相加達到 2.6 億，占資產比重 16％，還是非常重要，不能忽略。這裡只是舉例說明，閱讀財報其實沒有那麼困難。這些項目都非常單純，只有其他金融資產目前不清楚是什麼，這部分必須閱讀財報附註方能得知。

資　產	106.12.31 金　額	%	105.12.31 金　額	%
流動資產：				
1100 現金及約當現金(附註六(一))	$　775,218	47	623,409	36
1125 備供出售金融資產－流動(附註六(二))	48,350	3	48,179	3
1150 應收票據(附註六(三))	1,455	-	2,281	-
1170 應收帳款淨額(附註六(三))	136,131	8	131,269	7
1310 存貨淨額(附註六(四))	133,503	8	99,509	6
1476 其他金融資產－流動(附註六(五)及八)	295,184	18	601,068	34
1479 其他流動資產	6,499	1	6,611	-
流動資產小計	1,396,340	85	1,512,326	86
非流動資產：				
1600 不動產、廠房及設備(附註六(六))	232,074	14	220,302	13
1840 遞延所得稅資產(附註六(十))	18,238	1	14,703	1
1980 其他金融資產－非流動(附註八)	848	-	1,104	-
1995 其他非流動資產	174	-	946	-
非流動資產小計	251,334	15	237,055	14

圖 4-1 居易（6216）2017 年年報中的資產負債表的資產部分

資料來源：公司各年年報

二、交叉比對——四大報表與財報附註交互對照

四大報表不是彼此相互獨立的，他們之間有許多相關性，不應該分開閱讀，而是必須四大報表交互對照，才能更清楚掌握掌握各項數字之間的關聯。我在看四大報表的時候，都是在電腦同時開啟四個視窗，隨時轉換不同報表，交叉比對。同時，四大財報只顯示每一個項目的帳面數字，詳細資訊都在財報附註裡面，所以我們不能只看四大報表，一定要詳細對照財報附註。

例如，金洲（4417）2017 年年報的資產負債表顯示，帳上在 1 年內大幅增加 2.5 億元的存貨，增幅達到 36％。由於存貨包含原物料、在製品與製成品，如果我們想進一步了解，到底是哪一部分存貨大幅增加，就必須查詢財報附註關於存貨的部分方能得知，如下頁圖 4-2。

可以看到，雖然相較於前一期每一項存貨都有所增加，但增加最多的明顯是原物料這部分，這可能反應原物料價格大幅上漲，可能會使得公司成本提升，而造成未來幾季毛利下滑。另外，製成品和在製品也增加不少，這部分則可能反映下一季營收的提升。圖4-3節錄自金洲2017年第一季綜合損益表，相較於2017年同期，很明顯的營收大幅提升，毛利率卻大幅下滑，完全符合預期。

這個例子雖然目的是說明閱讀財報必須連同四大報表和財報附註交互對照，但同時也很明顯可以看出閱讀財報絕對不是看著後照鏡開車，財報到底是落後指標還是領先指標，端看如何使用。

九、存 貨	106年12月31日	105年12月31日
製 成 品	$281,804	$231,122
在 製 品	313,065	295,507
原 物 料	314,594	158,620
商　　品	1,028	2,489
在 途 商 品	37,442	12,291
	$947,933	$700,029

圖 4-2 金洲（4417）2017年年報附註的存貨資訊

代碼		107年1月1日至3月31日 金額	%	106年1月1日至3月31日 金額	%
4000	營業收入（附註四、二一及二六）	$693,587	100	$569,832	100
5000	營業成本（附註九及二二）	525,709	76	390,559	68
5900	營業毛利	167,878	24	179,273	32

圖 4-3 金洲（4417）2017年第一季綜合損益表

三、財務分析——趨勢比數字重要

前面兩個原則，目的是抓住重點，讀懂財報。但讀懂只是第一步，我們不是要成為閱讀財報比賽的冠軍，而是要藉由分析公司的財務報表，找出價值低估的投資機會，同時避開各種地雷和陷阱。如同前面提到的，財報的分析和解讀沒有固定公式，不是比誰更會套公式，而是比誰更有創造力。然而即便如此，也不是毫無章法、天馬行空的幻想，仍然有基本原則應該遵循。首先就是，財務分析是趨勢比絕對數字重要。

當我們要分析一家公司的財務面，絕對不能只看一兩年，而是要儘可能蒐集長期數字，觀察數字的趨勢變化，因為趨勢才比較有前瞻性，一兩期的數字幾乎沒有任何意義。這部分我非常推薦「財報狗」（statementdog.com），他們將四大報表的所有重要數字，以及重要的財務比例，以圖形呈現，讓讀者一目了然，真的幫了我一個大忙。否則如果我要自己記錄這些數字和比例，然後自己畫圖呈現，一來耗時費力，二來以我的美術天分，畫出來的圖肯定非常難看，搞不好還會因為圖表設計太差而誤導自己的判斷。

舉例來說，耿鼎（1524）2013～2017年的毛利率走勢明顯提升，從2013年的12％左右，大幅提升至2016年的22％以上。這麼明顯的趨勢，背後肯定有故事，也許就是一個投資良機也說不定，有心的投資人或許就會以此為出發點，開始調查毛利率提升的原因，以判斷是否具有投資價值。

在我們拿起煙斗和放大鏡，準備進一步調查之前，不妨使用財報狗網站，再看看其他指標，也許可以發現更多線索。結果我們發現2013～2017年固定資產周轉率的走勢，居然和毛利率走勢完全一致，這顯示毛利率的提升，很可能和固定資產的使用效率提升有關，這樣一來我們進一步的調查就有了

方向。以這個例子來說，如果我們只看一兩年的數字，沒有觀察比較長期的趨勢變化，根本看不出這家公司經歷了一個不小的改變，所以說，財務分析是趨勢比絕對數字重要。

四、財報解讀——原因比結果重要

我前面說依據財報來投資可以是前瞻性的，希望不要誤解我的意思，以為可以直接從過去的財報數字可以推測未來的財報數字。財報數字是公司某段期間的經營結果，企圖從某個結果推測出另一個結果，在邏輯上根本就不通。

長期關注我的另一個粉絲專頁「上工治未病」的人應該知道，我並不認同現在西醫的做法，因為他們都是從一個結果解釋另一個結果，企圖從一個結果治療另一個結果，結果當然就是充斥無效醫療啦。某人因為頭痛就醫，檢查之後醫師診斷為高血壓，然後開立降血壓藥物治療。這整個過程大部分人聽起來大概都不覺得有什麼不對勁，但請仔細想想，頭痛是病患的一個症狀，是某個原因造成的結果，血壓偏高其實也是一個症狀，也是某個原因造成的結果，這兩個原因可能相同，也可能不同。現在醫師以血壓偏高這個結果解釋頭痛這個結果，然後以降血壓藥物治療頭痛這個症狀，卻無法解釋高血壓的原因，這不是邏輯不通嗎？

所以在財報分析這件事情上，我們要避免掉進以結果推測結果的邏輯陷阱，我們真正要做的事情是，從現在的結果找出過去原因，再從過去的原因推測未來的結果。我們讀財報眼裡看到的是結果，但我們心裡想的是原因，我們接下來要做的則是根據原因推測未來的結果。一旦開始習慣於這麼做，就會發現投資將會變得清晰許多，不會覺得似乎所有事情都是用猜的。

現在我們再回頭看耿鼎的例子，圖 4-4 顯示耿鼎 2013 ～ 2017 年 EPS 和月均價走勢。如果能夠在 2015 年第三季前後一段時間買進，就有機會在 1 年內獲得兩倍的報酬，也就是獲利率高達 200％。這聽起來很像只是在馬後炮，但其實如果當時真的調查過，早在 2015 年之前就可以確定公司獲利即將大幅提升，我相信自己絕對會在當時大量買進的。

假設時間回到 2015 年第二季，當時已知毛利率連續 2 年大幅提升，分別是 2013 年較 2012 年提升 3.2％，以及 2014 年較 2013 年提升 2.5％，請注意 2012 年毛利率只有 8.6％，到了 2014 年已經提升到 14.3％，這是相當大的提升。再加上前面提到的固定資產周轉率也同步提升，於是「李組長眉頭一皺，發現案情不單純。」這時候李組長要回答的問題就是：「這兩者之間有什麼關聯？」以及「毛利率的提升是否具有持續性？」

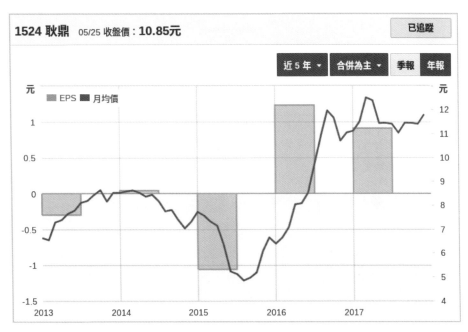

圖 4-4 耿鼎（1524）歷年 EPS 和月均價走勢（2013 ～ 2017）

資料來源：財報狗

　　為了回答這兩個問題，李組長首先調查固定資產周轉率提升的原因。由於固定資產周轉率等於營收除以固定資產，而 2012 至 2014 年營收是下滑的，這代表固定資產減少的更多。於是李組長調出 2014 年年報裡面的現金流量表，發現 2013 和 2014 兩年購置固定資產都在 2.5 億元上下，而折舊卻分別高達 4.8 億和 4.5 億，這就是固定資產下降的原因。同時李組長還發現 1 年內折舊費用就減少了 3000 萬，這也有助於提升毛利率。

　　然而這樣還不足以完全解釋毛利率提升的原因，因為折舊降低 3000 萬，對於 2014 年營收 24.7 億的耿鼎來說，不過只能夠提升 1.2% 的毛利率，連當年度毛利率提升的一半都還不足以解釋。但如果換個角度想，這已經解釋了一半了，同時也回答了李組長提出的第一個問題。

				單位：新臺幣仟元	
代　碼	項　　　　　目		103 年 度		102 年 度
AAAA	營業活動之現金流量：				
A10000	本年度稅前淨利(損)		$　　　8,660	$	(53,173)
A20010	不影響現金流量之收益費損項目：				
A20100	折舊費用		453,254		479,424
A20300	呆帳費用		2,186		785

圖 4-5 耿鼎（1524）2014 年年報裡面的現金流量表

　　為了找出另一半的原因，也為了回答第二個問題，李組長決定更深入調查耿鼎的成本結構。同時為了更清楚看出趨勢變化，李組長仔細分析了自2007年度以來的成本明細，並且把重要項目製作成表4-1。現在李組長化身李教授，來解釋這張表。

　　首先可以發現這段期間營收大幅下滑，毛利率則是先降後升，可以看出公司很可能經歷過一段轉型期，也許出自公司產銷政策的改變。進一步往下看，可以看到直接原料占營收比重也是戲劇化地提升，2007年只有15％，到了2014年卻提升近一倍，接近30％。直覺上這樣的提升應該會重創毛利率，但結果並沒有發生，2014年的毛利率只比2007年略低一點，這顯示應該不是原料價格大幅上漲所致，公司應該是有意識地做了什麼改變。

　　接下來的直接人工占營收比重雖低，但仍舊是逐年提昇，對於毛利率也是負面因素。再下一項，製成品成本占營收比重也是大幅提升，這很合理，畢竟光是原料成本就大幅提升了。看到這裡其實還是非常難以理解相較於2007年度，2014年毛利率為何沒有大幅下滑。關鍵在最後一項，銷貨成本占營收比，可以看到2007年時，從製成品成本到銷貨成本提升了相當多，然而2014年時反而是下降的，中間發生了什麼事？

年度	96	97	98	99	100	101	102	103
營收	3,216,791	3,216,555	3,291,917	3,320,381	3,145,432	2,755,178	2,476,745	2,474,051
毛利率	14.96%	15.37%	13.02%	12.08%	9.82%	8.57%	11.79%	14.25%
直接原料占營收比	15.02%	17.86%	23.20%	25.31%	28.38%	30.26%	29.78%	29.69%
直接人工占營收比	3.86%	3.55%	3.31%	3.57%	4.02%	4.34%	5.10%	5.08%
製成品成本占營收比	48.40%	52.58%	50.17%	52.73%	62.87%	69.71%	66.00%	70.03%
銷貨成本占營收比	59.78%	60.35%	65.67%	66.11%	67.51%	69.54%	69.25%	66.67%

表 4-1 　耿鼎（1524）2007年度以來的成本明細

資料來源：作者整理

下面兩張圖節錄自耿鼎公司 2007 年以及 2014 年的成本明細表，原來這中間的差別在於 2007 年時公司大量外購產品，這些外購產品的花費當然也屬於銷貨成本，也就是製成品成本和銷貨成本之間的主要差異來源。而到了 2014 年時這些外購的部分幾乎消失了，甚至因為出售下腳料的收入，反而造成銷貨成本低於製成品成本。

這完全解釋了前面的疑惑，原來公司決定將委外製程逐步拉回廠內自製，所以原料占營收比重才會大幅提升，而以往本來分給其他廠商賺的利潤，現在公司自己賺，毛利率自然就提升了。同時也可能有許多以往委外製作的產品，現在不再銷售，或者公司決定減少產品線，只專注銷售利潤較好的產品，所以才看到營收大幅下滑。

2007

製成品成本	1,557,053
期初製成品盤存	383,716
加：外購轉在製	390,755
減：期末製成品盤存	(333,524)
製成品盤虧	(537)
製成品轉出	(1,526)
出售下腳收入	(72,945)
銷貨成本(製造業)	1,922,992

2014

製成品成本	1,732,485
期初製成品盤存	347,333
加：本期進貨	22,616
減：期末製成品盤存	(367,199)
製成品轉出	(93)
製成品盤虧	(58)
製成品報廢	(389)
出售下腳收入	(77,870)
出售其他廢料	(7,467)
銷貨成本(製造業)	1,649,358

圖 4-6 耿鼎（1524）2007 與 2014 年成本明細

資料來源：公司各年年報

這真的是非常、非常有意思！就這樣小小一張表，居然讓我們外人有如身歷其境，好像親身參與了公司那段轉型的過程一般。

現在讓我們試著回答李組長提出的第二個問題：毛利率的提升是否具有持續性？根據我們前面抽絲剝繭地分析，毛利率提升的原因在於折舊降低以及產銷政策改變，前者只要公司未來資本支出趨於穩定，折舊應該還會繼續下降，後者屬於整個結構性的改變，現在已經看到成效，應該不至於突然又倒退嚕，因此我相信毛利率的提升是具有持續性的（到目前為止也證明確實如此），所以我才敢發射馬後炮，說自己當時如果調查過，絕對會大膽買進，享受這 1 年 200％的獲利。

可惜我發現這家公司的時候，已經是 2016 年底，早已錯過這天賜良機。這件事對我造成不小的影響，我後來檢討自己為何遲遲沒有發現這家公司，原來是我在一開始篩選股票的時候，就設定了不能虧損這個條件，所以才無法在最佳時機發現它，因此我後來不再嚴格要求不能出現虧損，就是怕再度錯過這樣的機會。

另外，雖然耿鼎這個例子我想談的重點已經講完，但為了整個故事的完整，還是必須說明一下為何 2015 年耿鼎會出現較大的虧損。下頁圖 4-7 取自耿鼎 2015 年年報，在其他利益及損失項目下，可以看到 2015 年出現一項高達 3.45 億的訴訟和解金，這是由於被美國多家公司聯合控告違反反托拉斯法，後來達成和解，公司因此支付 1150 萬美金的和解金。

而這件事在 2015 年 4 月底確定，當時本來就已經是雞蛋水餃股的股價，進一步重挫，最低跌到 4 元左右，可以說非常之淒慘，甚至直到隔年 2 月都還在 6 元左右，但也已經上漲 50％了。其實反托拉斯案和解這件事應該是利

空出盡，未來公司不再需要耗費資源打官司，每年光是省下的律師費用就非常可觀（打官司的 4 年期間支付國外律師費高達台幣 2.7 億元）。再加上我們前面的分析，幾乎可以確定隔年獲利必定大幅提升，所以當時市場先生的反應，正是典型躁鬱症發作，而我卻沒有及早發現，真是遺憾。

(二十)其他利益及損失	104 年 度	103 年 度
處分及報廢不動產、廠房及設備利益	$ 75	$ 3,764
處分投資利益	469	101
外幣兌換利益	15,632	33,676
透過損益按公允價值衡量之金融資產/負債(損失)利益	(735)	1,479
處分不動產、廠房及設備損失	(384)	(33)
手續費支出	(4,760)	(7,245)
訴訟和解金	(345,101)	—
什項支出	(3,813)	(875)
合　　計	$ (338,617)	$ 30,867

圖 4-7 耿鼎（1524）2015 年年報的其他利益及損失項目

資料來源：公司各年年報

•閱讀財報的好處

前面談了閱讀財報的基本原則，現在來談談閱讀財報有什麼好處。其實答案非常簡單，至少有兩項，消極面可以幫助我們避開地雷，積極面可以指引我們挖掘好股。

避開地雷

在前一章，我提到風險就是無知的程度，以及從完全無知到部分無知的階段，風險會快速下降，當時比較多理論的論述，缺乏實際的例子。這裡我要補充說明，我認為降低無知最簡單也最快速的方法就是閱讀公司財報，很多時候，即使只是簡單地讀過財報，甚至不需要太多分析和思考，就可以避開許多地雷，可以說 CP 值超級高。

耀億（4430）在 2015 年股價突然重挫，緊接著 2016 年獲利就大幅下滑。看到這裡，或許有些人第一個想到的就是內線，大股東可能預先知道獲利即將下滑，所以急著出脫持股，才造成股價大幅下跌。如果總是這樣想，那投資的路恐怕凶多吉少，投資的旅程也難有什麼美景值得欣賞了。

其實以這個例子來說，只要讀過財報，幾乎每個人都有能力預知獲利即將下滑，從而從容避開這顆地雷。在耀億 2016 年年報附註裡可以看到公司於 2008 年簽訂商標權資產買賣合約，總價款是 1000 萬美元，共分 8 年支付，最後一筆 100 萬美元的款項剛好在 2015 年支付完畢。

所以可以看到 2015 年認列出售商標權收入 3000 萬元，到了 2016 年這筆收入就消失了。以耀億 5.6 億元的股本計算，少了這筆收入將影響 EPS 高達 0.6 元，這差不多就是這兩年 EPS 的差距。

本公司與 R 公司於民國 97 年 7 月 10 日簽訂商標權資產買賣合約，總價款為 USD 10,000 仟元，合約主要內容如下：

(1) 收款條件：簽約後，自 97 年開始分 8 年支付該筆款項，第 1 年 USD 2,000 仟元、第 2~3 年各 USD 1,500 仟元、第 4~8 年各 USD 1,000 仟元。

(十九) 其他收入

	105年度	104年度
出售商標權收入	$ －	$ 30,680
銀行存款利息收入	1,268	783
其他什項收入	15,000	7,458
合計	$ 16,268	$ 38,921

圖 4-8　耀億（4430）2016 年年報附註

資料來源：公司各年年報

　　現在假想自己在 2015 年股價 35 元以上時持有這檔股票，你會怎麼做？別人我不知道，如果是我肯定立刻賣出，無論帳面虧損多少。其實會在 2015 年還持有這檔股票，就已經是自己的不對了，商標權合約明白告知款項會逐年遞減，2015 年支付完畢，在這種情況下，除非公司獲利明顯提升，足以彌補商標權到期的損失，否則早就該賣出，等到 2015 年就已經遲了。

　　從它的 EPS 和股價走勢圖可以看出，公司在 2013 年之後，獲利就處於小幅衰退狀況，隨著商標權即將到期，股價也就毫不客氣地一路下滑。不明究理的人可能會覺得疑惑，明明 EPS 沒有太大變化，怎麼股價一路下跌，其實答案一直都在財報裡面，只要讀過，自然清楚股價下跌的原因，而不會整天懷疑是不是內線在搞鬼。

　　我覺得這是一個非常好的例子，用來說明無知和風險的關係。現在假設有兩個投資人 A 和 B，投資人 A 完全不讀財報，對公司的了解屬於完全無知。投資人 B 也沒有好到哪裡去，但是他有稍微瀏覽過整份財報，於是他注意到

公司這個商標權合約,他對公司的了解同樣非常膚淺,無知程度只比投資人 A 稍微低一點點,但是他所承受的風險,顯然比投資人 A 大幅降低,至少他很可能可以躲過這顆地雷。

這就是前面所說的,從完全無知到部分無知的過程,一開始的時候,風險會隨著無知程度下滑而大幅下降,而一開始降低無知程度最好的方法就是閱讀財報,所以我認為無論如何,**在決定買進某家公司之前,至少先讀一讀近期財報吧,不用花費很多時間,卻可以降低不少風險,是相當划算的投資。**

現在假設第三個投資人 C,除了願意閱讀財報之外,他還願意做更多一點的調查,那麼相比於投資人 A 和 B,他比較有機會避開銘旺實(4432)這顆更大的地雷。公司在 2014 年獲利和股價都達到高點,股價高達 120 元以上。然而好景不長,之後獲利和股價基本上一路下滑不回頭,現在股價不到 30 元,跌幅接近 80%!如果這還不算大地雷,那我還真的不知道什麼才算。

假設投資人 C 在 2015 年第三季股價 80 元左右買進,他能不能避開 2016 年股價的大幅下跌呢?答案是可以的,如果他做了下面這件事:緊盯銘旺實最大客戶,英國最大體育用品零售商 Sports Direct 的股價走勢。

下頁圖 4-9 是 Sports Direct 的 2013 ～ 2018 年股價走勢圖,可以看到在 2015 年底時,股價出現劇烈下跌,主要原因是歐洲市場景氣衰退,造成 Sports Direct 獲利大幅下滑。由於 Sports Direct 占銘旺實營收 50% 以上,所以兩家公司獲利和股價明顯連動,如果仔細比較兩家公司股價走勢圖,會發現非常相似,粗估相似程度大約 87%。

因此投資人 C 其實在 2015 年底就該意識到 Sports Direct 股價地震的震

波，不久之後肯定會傳到銘旺實身上，而且由於銘旺實體型較小重量較輕，震動的幅度可能更大。他如果夠聰明，就應該趁著震波尚未抵達，趕緊跳車逃命。幸運的是，他有足夠時間逃命，因為銘旺實直到 2016 年第二季股價才開始下跌。當然，如果他是在 2014 年股價高點買進，他就很難毫髮無傷，但只要他緊盯 Sports Direct，至少受傷幅度可以減輕很多。

那麼，到底怎麼樣才能避開 2014 年時，股價從 120 元以上下跌至 70 元左右，這段 40％以上的跌幅呢？有請比投資人 C 更用功、更小心謹慎的投資人 D，說明他避開這顆地雷的心法。

投資人 D：「根據我深入研讀銘旺實多年的財報，以及對這個產業的調查，我發現這家公司銷售過度集中，受到單一客戶影響的風險太大，且終端服飾產品景氣難以預料，不應該在獲利和股價高檔時買進。」簡單地說，**要避開這顆地雷其實非常簡單：第一招，只願意在低本益比時考慮買進，第二招，買進之後隨時緊盯 Sports Direct 股價走勢，以及營運狀況。**當然啦，如果是更謹慎的投資人 E，他大概根本不會考慮投資一家單一客戶占比超過五成的公司，那就肯定不會踩到這顆地雷了。

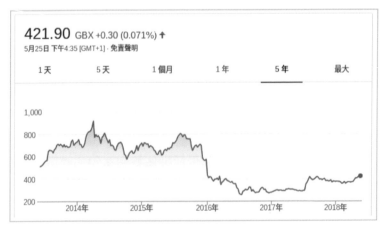

圖 4-9 Sports Direct 股價走勢（2013 ～ 2018）

資料來源：Google 財經

挖掘好股

前面談的是閱讀財報的消極好處,也就是避開地雷,其實光是這個好處就值回票價了,畢竟投資的第一條準則就是不要賠錢,如果有什麼簡單的方法可以避開地雷,那閱讀財報肯定是其中之一。如果這個好處還不足以吸引你,那麼現在要談的第二個好處或許可以,我稱之為閱讀財報的積極好處,就是可以挖掘好股。什麼是好股呢?我的定義很簡單,就是能提供合理報酬的股票。當然,能提供不合理報酬的飆股也屬於好股。

從大洋-KY(5907)的 EPS 和股價走勢,看起來是一檔地雷股。它確實是——如果你在 2015 年之前買進的話。例如在 2015 年以 50 元的價格買進,持有到 2017 年底,那麼將會出現超過 50%的虧損。

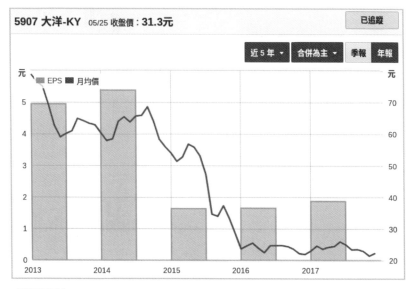

圖 4-10 大洋-KY(5907)歷年 EPS 和股價走勢(2013 ~ 2017)

資料來源:財報狗

但如果我們把距離拉近一點，就會看到完全不一樣的景象。從大洋-KY 的日線圖來看，可以發現股價在 2018 年 3 月底以來，從 22 元左右大幅上漲至目前的 31 元，漲幅超過 40％。「嗯，很好，問題是這種短期股價走勢沒人能預料，不是嗎？」沒錯，通常是這樣，但有些時候就是能夠預料，我們只要抓住幾次這種機會就夠了。這個例子剛好屬於可以預料的情況，而且一點也不難，只需要花點時間閱讀財報，甚至連深入的分析都不太需要。真的有那麼好康的事嗎？就是有！不信的話就繼續往下看（相信的也請繼續往下看）。

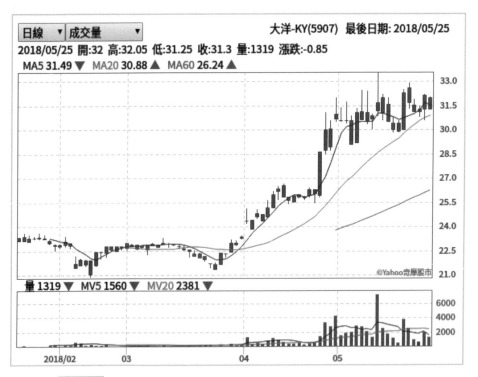

圖 4-11 大洋-KY（5907）日線走勢（2017/12 ～ 2018/5/25）

資料來源：Yahoo 股市

首先我們在 2017 年綜合損益表看到，近兩年營業利益大致持平，但是2017 年業外損失較多，才導致稅前淨利衰退。

		106年度		105年度	
		金　額	%	金　額	%
4000	營業收入(附註六(十七)及七)	$ 6,041,927	100	6,400,147	100
5000	營業成本	1,282,716	21	1,141,888	18
	營業毛利	4,759,211	79	5,258,259	82
6000	營業費用(附註六(六)、(七)、(十二)、(十三)、(十五)、(十八)及七)	3,873,411	64	4,383,430	68
	營業利益	885,800	15	874,829	14
	營業外收入及支出：				
7010	其他收入(附註六(十九)及七)	142,123	2	64,123	1
7020	其他利益及損失(附註六(二)、(三)、(四)、(五)、(六)、(八)及(十九))	(284,180)	(5)	(108,766)	(2)
7050	財務成本(附註六(十九))	(121,801)	(2)	(130,490)	(2)
7060	採用權益法認列之關聯企業損益之份額(附註六(四))	(6,178)	-	(16,054)	-
		(270,036)	(5)	(191,187)	(3)
7900	稅前淨利	615,764	10	683,642	11

圖 4-12 大洋 -KY（5907）2017 年綜合損益表

於是我們很自然地去查一查造成業外損失的主要項目，發現原來 2017年度發生了高達 5.4 億元的匯兌損失。這部分主要是公司在 2015 年歐元走弱時，趁機大借歐元，有點投機的味道，沒想到偷雞不著蝕把米，2017 年歐元大幅升值，反而認列大額匯兌損失。

2.其他利益及損失
合併公司民國一〇六年度及一〇五年度之其他利益及損失明細如下：

	106年度	105年度
外幣兌換（損失）利益	$ (538,140)	27,654

圖 4-13 大洋 -KY（5907）2017 年的年報中其他利益及損失

另外，從公司年報也可以看到，2015 年造成公司大額虧損，惡名昭彰的投資部門損益歸零，如下頁圖 4-14。也就是說公司決定回歸本業，不再胡亂投資。還有什麼比這個更好的消息嗎？

(二)合併公司營運部門資訊及調節如下:				
106年度	百貨部門	投資部門	調整及銷除	合　計
收　入：				
來自外部客戶收入	$　6,041,927	-	-	6,041,927
部門間收入	-	-	-	-
收入總計	$　6,041,927	-	-	6,041,927
應報導部門損益	$　　615,764	-		615,764

104年度	百貨部門	投資部門	調整及銷除	合　計
收　入：				
來自外部客戶收入	$　7,235,133	-		7,235,133
部門間收入	-			-
收入總計	$　7,235,133	-	-	7,235,133
應報導部門損益	$　1,184,167	(371,998)	-	812,169

圖 4-14 大洋 -KY（5907）2017 年投資部門損益歸零

資料來源：公司各年年報

　　結果還真的有！如果你稍微搜尋一下公司近期相關新聞，就會發現大洋百貨近期做了史上最大規模整修，大部分分店都會趕在 2017 年 9 月底前完成，以趕上十一長假的消費熱潮。這個整修能帶來多少效益呢？結果是 2017 年第四季營收年增 8.5％，如果以人民幣計價成長超過兩位數。要知道這對於百貨業來說是相當大的幅度。

　　我就是在確認了整修確實帶動第四季營收大幅成長的情況下，在 2018 年初以 24 元左右的價格大舉買進。如果是更保守一點的投資人，可以等到 3 月底年報公布之後，確認 2017 年第四季單季 EPS 超過 2 元，年增 71％之後再買進，這時候甚至可以買到更便宜的價格，每股只要 21 元，也就是說從我買進以來，股價下跌了 3 元，跌幅達到 12％以上。但相較於後來的飆漲來說，這 3 元就別計較了，畢竟當時如果來不及買進，股價就已經上漲，損失會更大。

我們現在回頭看看這個投資背後的邏輯：

一、2017 年本業獲利其實不差，主要是被大額匯損拖累。由於歐元匯率通常有起有伏，不太可能持續上漲，預估 2018 年不至於再出現大額匯損。

二、過去拖累公司獲利的投資部門收攤，公司回歸專注本業，一方面不用再擔心公司胡亂投資造成大額虧損，更重要的是，專注本業才是王道，大洋百貨過去一直以來算是中國百貨業的資優生，近期重整旗鼓，後勢可期。

三、公司回歸本業之後，做了史上最大規模的門市整修，也確實帶動業績明顯提升。由於一般百貨整修之後，業績動能通常可以維持一段時間，預估至少一兩年內業績都不至於太差。

當時我認為即使採取最保守的估計，25 元以下的價格還是不可思議的便宜，那還等什麼？當然是立刻買進啦！不過話雖如此，謹慎的投資人不會滿足於此，還是有許多因素需要關注：

一、過去打趴傳統百貨的電商，未來是否繼續打得傳統百貨毫無招架之力？

二、中國經濟會不會出現硬著陸，造成百貨業景氣低迷？

三、傳統百貨之間的競爭也非常激烈，大洋百貨有何能耐，在競爭激烈的百貨市場取得一席之地？

四、百貨業積極轉型，轉型既是機會也是風險，大洋百貨採取的策略是否正確？

以上問題沒有標準答案，但我們必須時時關注，雖說我認為這個投資風險很低，潛在報酬很高，但絕對沒有零風險這回事，投資再怎麼小心謹慎也不為過，多看、多聽、多思考是優秀投資人的三大法寶，簡稱投資三寶。

● 營收和毛利哪一個重要

財務分析是一門很有趣的學問，但有時候又有點像審美觀一樣，有不少主觀成分。舉例來說，有些人喜歡規模龐大，營收不斷成長的公司，例如鴻海（2317）；有些人喜歡高毛利的公司，例如大立光（3008）。這其實沒有對錯之分，只是不同的人欣賞不同的商業模式罷了，然而不同商業模式會有不同優缺點，這點就是千真萬確的，而不是因人而異了。例如，我在2018年5月初在粉絲專頁寫下：

一家公司無論是主動選擇的策略因素，還是客觀環境造成不得不犧牲毛利換取更多份額，對於投資者來說，可能都不是加分項目，估值就必須更加保守。

一家毛利率30％的公司，如果毛利率減少3％，那麼營收必須增加11％才能維持相同毛利。然而營收增加幾乎無可避免會同步增加營業費用，所以若要維持營業利益，營收必須增加更多才能夠達成，這顯然不是容易的事情。更嚴重的是，如果公司為了爭取新的客戶而降價，那麼原先提供30％毛利率的客戶，是否會跟進砍價，掉下來的毛利率未來還回的去嗎？

除非規模對於所處產業來說非常重要，或者暫時犧牲毛利可以有效驅逐競爭者，否則本燈一向不贊成犧牲毛利換取營收成長。若以股價反

應來看，通常毛利率下滑要比營收下滑，對股價的負面影響更大。與其緊盯營收，還不如緊盯毛利，並且隨時掌握毛利變動的原因。

從這段文字大概可以看出，我是比較欣賞高毛利的商業模式，當時寫下這段文字的時候，其實我心裡面想的是曾經投資過，且讓我獲利豐厚的勤誠（8210）。

勤誠是專業的雲端伺服器機殼廠商，在 2017 年之前，毛利率基本上是持續提升的，這也是我當初願意投資它的原因之一，然而 2017 年毛利率突然掉了 3％以上，我當時判斷公司是為了衝刺中國資料中心白牌伺服器的大單，由於中國廠商殺價競爭嚴重，所以這部分產品毛利率較低，於是造成營收上升，毛利率卻下滑，因此我判斷短時間毛利率可能不容易回升，結果 2018 年第一季毛利率只有 23％，相較於前 1 年同期大減超過 7.5％，股價也因此重挫。

為了進一步說明我更欣賞高毛利商業模式的原因，假設有 A、B 兩家公司，某年 A 公司年營收 400 萬、毛利率 10％、毛利 40 萬；B 公司年營收 100 萬、毛利率 40％、毛利也是 40 萬。在其他條件都相同的情況底下，哪一家公司更值得投資？

我的答案是 B。原因如下：

一、低毛利率的公司一般來說可能存在著勞力密集與資本密集（而不是技術密集）的特性，而這樣的特性可能帶來一些風險。A 公司必須創造 4 倍於 B 公司營收的情況下，才能獲得相同毛利，這意味著 A 公司必須使用更多人力和機器設備。為了獲利，更多的人力意味著較低的單位薪資，也就是

依賴廉價勞工。在現今勞工薪資上升，勞工意識抬頭的情況下，這類依賴廉價勞工的企業，將面臨更艱困的營運挑戰。

例如寶成（9904）近年就時常發生員工罷工抗議的事件。而更多機器設備則代表更高的資本支出，公司若要提高營收，勢必需要更多資本支出，能帶回的自由現金流就會減少，且機器設備可能過時而造成一次性的減損，例如 TPK-KY（3673）就在 2015 年第三季打消 190 億的資產減損。

二、愈多的勞力和機器設備，意味著需要愈多管理，管理費用就會比較高。為了盡可能避免閒置產能，公司可能需要更多業務，行銷費用可能增加。有時候公司甚至會降價以求填滿產能，造成毛利率進一步降低。營收增加還會增加其他如運費、水電費、廢棄物處理費等費用，而增加的營收所創造的獲利這麼低，卻要增加許多相關費用，實在不太划算。

然而最嚴重的是，營收成長太快，可能使公司陷入產能陷阱，接單接愈多，現金流出愈快，嚴重時甚至會危及公司存亡。例如前兩年破產重整的勝華（2384），營收從 2009 年的 273 億大幅成長至 2012 年的 1000 億以上，看似風光，其實公司卻是持續虧損。2009 年 273 億的營收，稅後淨損 26 億，公司可能認為為了盡快獲利，必須讓營收快速成長，結果 2012 年破千億的營收卻還是換來淨損 29 億。更嚴重的是，隨著營收大幅成長，現金流出速度驚人，2011 和 2012 年連兩年自由現金流出超過百億，加速造成勝華破產重整。

三、低毛利率的公司面對景氣低迷的抵抗力較差。假設隔年景氣下滑，A、B 兩家公司營收都下滑 10%，由於 A 公司包含折舊和薪資等固定成本較高，所以即使營收下降 10%，成本可能只會小幅下降，假設 5%。那麼 A 公

司該年營收將變成 360 萬,成本則是 342 萬,毛利剩下 18 萬,毛利率只有 5%。而 B 公司固定成本遠低於 A 公司,大部分都是變動成本,會隨著營收變動,毛利率不會下滑太多。即使假設 B 公司成本也一樣只下降 5%,那毛利也還有 33 萬,毛利率 36.7%,比 A 公司好多了。

四、低毛利率公司議價能力低,可取代性高。低毛利率代表替客戶創造的價值較低,可取代性較高,競爭激烈。廠商用來抓住客戶的武器不多,通常就是拚價格,所以議價能力也比較低。於是營收愈是成長,毛利率愈低,陷入毛三到四的窘境。例如 2011 年以來仁寶(2324)營收從 6900 億成長到 8900 億,毛利率卻從 4.85% 一路下滑至 3.6%,結果獲利不增反減,是一個標準的茅山道士。

而且即便毛利率已經壓到不能再低的地步,客戶還是可能隨時走人,因為可取代性高,所以低毛利率的公司比較可能遇到客戶轉單的風險。反之,**高毛利率企業提供客戶的價值比較高,可取代性較低,客戶甚至可能對這家公司非常依賴,結果就是高毛利率公司可能擁有更高的議價能力,不但沒有前述營收成長毛利率卻下滑的情況,反而可能毛利率隨著營收成長而提升,這是因為客戶找不到替代的廠商,只好接受供應商漲價的要求。**

大立光(3008)2011 ∼ 2017 年營收從 160 億一路成長至 560 億,毛利率也跟著從 43% 一路提升至 69%,擁有這樣強大的定價能力,難怪股價可以漲到 4500 元以上的天價。

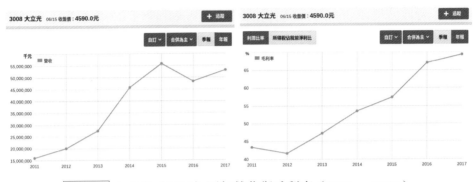

圖 4-15 大立光（3008）歷年營收與毛利率（2011 ～ 2017）

資料來源：財報狗

　　結論，當然不是所有低毛利公司都不值得投資，但除非有其他很好的理由，否則我認為投資還是儘量避開低毛利的公司比較好。

●傳統製造業生產力評估

　　財務分析當然不是只有營收和毛利，還有非常多可以分析的角度。例如，我們也可以從財務數據，去分析公司的生產力。許多傳統製造業，比的是生產效率和管理能力，誰的生產力高成本又低，誰就是贏家。因為在生產方面，不外乎就是人員的合理配置，以及機器設備的有效利用。

　　所以針對這類公司，我喜歡用人均營收和固定資產周轉率來評估。那為何是看營收而不是產量或產值呢？因為產品製造出來還要賣的出去才有意義，這部分需要整個公司各部門密切配合，才會有效率，所以是計算全公司員工平均貢獻的營收，而不是只計算直接員工。

也就是說，人均營收這個數字同時可以反映一家公司的生產效率和管理能力。另外，由於每家公司用人政策不同，平均薪資可能出現不小差異。有些公司可能用了比較多外勞或派遣員工，以至於員工人數較多，但人均薪資卻比較低，所以我會再加入單位薪資產生的營收這個指標來評估。表 4-2 比較了電梯雙雄，永大（1507）和崇友（4506），兩家公司的用人效率。

可以看到，兩家公司的人均營收差異不大，但是人均營業利益差很多，這反映了兩家公司利潤來源的差異。永大主要市場在中國，以新梯銷售為主。崇友主要市場在台灣，以售後維修為主。由於後者利潤遠比前者高，所以即便人均營收差不多，人均營業利益差距卻很大。

永大 vs. 崇友　（單位：千元，105年資料）								
公司	總薪資費用	年營收	營業利益	員工人數	平均薪資	人均營收	人均營利	單位薪資產生營收（元）	單位薪資產生營業利益（元）
永大	4,441,446	19,581,652	2,137,969	5754	771.89	3,403	372	4.41	0.48
崇友	1,203,660	4,192,223	730,514	1259	956.04	3,330	580	3.48	0.61

表 4-2　永大（1507）與崇友（4506）的用人效率比較（2015）

資料來源：作者整理

然而這不必然代表崇友一定比較有價值，因為市場不同，策略不同，獲利模式也不同。可以看到，由於中國平均薪資低於台灣，所以永大的人均薪資低於崇友，以單位薪資產生的營收來看，永大優於崇友不少。可惜由於新梯利潤實在低於售後維修太多，以至於單位薪資產生的營業利益還是崇友勝出。寫到這裡，我又再次懊惱，當時初入股市，囿於要投資產業龍頭的成見，以至於錯過了崇友這支績優股。

另一方面，機器設備是死的，人是活的，同樣的機器設備給不同的公司使用，效果也會不同，所以固定資產周轉率也同時可以反映生產效率和管理

能力。然而還要注意,固定資產項目很多,有些產業如汽車零組件業,必須投資大量的模具設備,然而這些模具若沒有上機台,本身沒有任何生產力,就像停在跑道上的飛機也沒有生產力一樣,所以在評估這類公司的時候,計算固定資產周轉率,我會把模具給扣除,這樣比較能真正反應這家公司對於生產設備的使用效率。

表 4-3 比較了耿鼎(1524)和東陽(1309)兩家汽車零件廠,如果單看固定資產周轉率,會發現東陽遠勝於耿鼎。然而以相對規模來說,耿鼎在模具的投資比東陽更積極。如果我們將模具扣除,再計算一次固定資產周轉率,就會發現耿鼎其實是優於東陽的,這代表耿鼎於固定資產的使用效率很可能並不遜於東陽。

總之,財務分析非常有趣,數字可以是死的,也可以是活生生的,藉由財務分析來找出值得投資的公司,可以是看著後照鏡開車,也可以是非常前瞻的,就看你如何運用了。

公司	固定資產	總資產	模具設備	年營收	固定資產週轉率	總資產週轉率	扣除模具之固定資產週轉率	扣除模具之總資產週轉率
耿鼎	2,949,958	4,853,591	1,556,563	2,605,278	0.88	0.54	1.87	0.79
東陽	18,679,840	36,465,486	5,093,162	24,181,282	1.29	0.66	1.78	0.77

表 4-3 耿鼎(1524)與東陽(1309)資產設備的使用效率比較

資料來源:作者提供

第 5 章

安全邊際

價值投資有許多重要的觀念，諸如內在價值、市場先生、護城河以及能力圈等等（如果忘記這些觀念，請複習第一章。），其中安全邊際是以上所有觀念裡面最重要的，也是最美妙的。在價值投資經典《智慧型股票投資人》中，葛拉漢提出，如果有人要求他將健全的投資觀念濃縮成一句話，他的答案是：「安全邊際」。可見這個觀念的重要性非同小可，同時這也是非常深刻的投資洞見。

• 價值投資人身上的印記

讓我模仿一下葛拉漢的口吻：「如果有人問我如何辨識價值投資者，我會回答，看看他有沒有嚴格遵守安全邊際的原則。」我一直以來都認為，安全邊際就是價值投資者身上的印記，只要你是價值投資者，身上某處就一定存在這個印記，藏也藏不住。相反地，如果不是價值投資者，不會有這個印記，騙不了人的。

以我來說，骨子裡就是一個價值投資者，任何投資機會，只要判斷沒有足夠的安全邊際，就絕對不會考慮。雖然我因此錯過了不少飆股，當初我注意到日友（8341）之後，初步判斷值得進一步研究，然而還來不及做足功課，判斷它的安全邊際，股價已經飆漲，股價從不到 50 元漲到超過 200 元，只好摸摸鼻子，尋找其他機會，錯失了一個 300％ 的報酬率。但我完全不覺得可惜，因為當時確實還無法做出判斷，我身上的安全邊際印記，絕對不會允許我貿然投資。

雖然錯失一檔飆股，但是更多時候是避開了地雷股，例如 120 元以上的

銘旺實（4432）、45 元以上的耀億（4430）、以及 80 元以上的橋椿（2062）。其他還有 50 元以上的阿瘦（8443）、40 元以上的燦坤（2430）、以及接近 100 元的永大（1507）等，這些例子都是我實際調查研究過，判斷不存在安全邊際而躲過的地雷股。

我在 2014 年初分析了燦坤，當時股價在 40 元以上，本益比只有 12 倍，股價淨值比 1.5 倍，現金股息殖利率 5％左右，看起來似乎不貴。我當時判斷：

產業競爭激烈，產品沒有差異化，也沒有明顯的品牌優勢，電商發展恐怕將對公司造成重擊。且公司跨足餐飲，涉入另一個紅海市場的策略，恐怕弊大於利。

因此我認為當時的價格不具安全邊際，所以不考慮買進。現在回頭看，燦坤在 2014 年獲利果然大幅衰退，之後獲利雖有回升，但仍舊低迷，目前股價只剩 23.4 元（截至 2018 年 7 月初）。如果當時買進，就立刻住進套房，到現在仍舊無法逃脫。

這個例子並不需要什麼過人的智慧，只是稍微對產業做點調查，然後用基本常識判斷罷了。我認為，在無知程度偏高的情況下錯失飆股沒什麼值得難過的，然而在做過功課，無知程度較低的情況下避開地雷股，卻是相當值得高興的一件事，同時也值得給自己掌聲。

舉上面這個例子，除了吹噓自己避雷功力了得之外，其實還有一層用意。安全邊際概念雖然看似簡單，其實大部分人還是時常誤解。最常見的誤解，大概是以為低本益比、低股價淨值比、或者高現金股息殖利率……就代表具有安全邊際，這完全是錯誤觀念，把上述任何一項等同於安全邊際，簡直就

是魚目混珠。如果投資人分不清楚，哪一個是魚目，哪一個是珍珠，那最好不要隨便投資，否則相當危險。

以海韻電（6203）為例，公司在 2014 年 10 月～ 2015 年 4 月這段期間，本益比都只有偏低的 11 倍以下，股價都在 46 元以上。如果把當時的低本益比當作具備安全邊際而買進，到了 2015 年 8 月，股價將大幅下跌至 29 元左右，跌幅 37%。即使 2018 年上半年因為比特幣熱潮，帶動挖礦機電源需求，使得公司股價大漲，目前也還是只有 35.6 元（截至 2018 年 7 月初），仍舊無法解套。

如果這時疑惑為何安全邊際無法降低風險，那就好比疑惑懷裡的公雞為何無法帶來好運一般，只因為錯把只會咯咯叫的公雞，當成傳說中能夠帶來好運的鳳凰了。

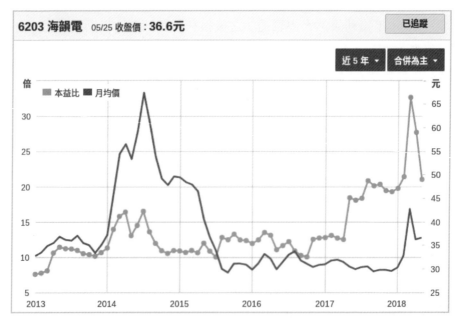

圖 5-1 海韻電（6203）歷年本益比和股價走勢（2013 ～ 2018）

資料來源：財報狗

　　低股價淨值比也一樣不等於安全邊際，中櫃（2613）在 2015 年 4 月之前，月均價都在 18 元以上，股價淨值比都在 0.6 倍以下，股價似乎相當便宜。如果以為這樣低的股價淨值比代表足夠安全邊際而買進，那麼立刻就住進套房，到現在住了 3 年，股價剩下 12.75 元，跌幅 30％左右。

　　最後是現今許多投資人十分看重的指標——現金股息殖利率。假設某人在 2016 年 11 月以 60 元買進營邦（3693），當時的現金股息殖利率高達 8.6％，持有到現在股價只剩 34.8 元，跌幅 42％。而且由於 2017 年陷入虧損，公司沒有配發任何現金股利，結果殖利率直接歸零。原本正是因為看重現金股息而投資，現在不但慘遭套牢，連股利也歸零，真是情何以堪。

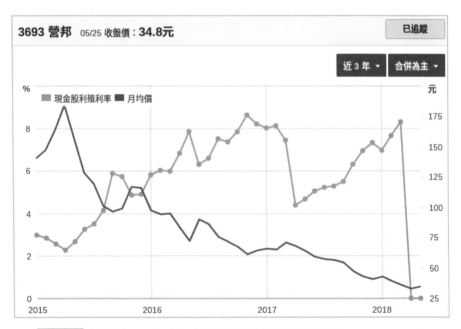

圖 5-2 營邦（3693）現金股息殖利率和股價走勢（2015 ～ 2018）

資料來源：財報狗

　　說了那麼多，其實目的只是要說明，安全邊際的概念雖然看似簡單，其實內涵豐富，是非常深刻的洞見，絕對不能簡化成幾個量化指標。安全邊際是價值投資者的倚天劍和屠龍刀，威力驚人，但如果不懂得如何揮舞，不但無法發揮任何威力，可能還會砍傷自己。

● 安全邊際的功效

　　或許有人會問：「安全邊際被你說的這麼神，那它到底有什麼用處？」其實也沒別的，就是降低風險和提高報酬。看清楚喔，是「和」不是「或」喔！一般人普遍認為這兩件事只能達成其一，不可能同時達到，因為「風險和報酬成正比」幾乎可以說是普世智慧了。

　　高報酬必然伴隨高風險，低風險必然只能獲取低報酬，如果想降低風險，就必須忍受降低報酬這個副作用，如果想提升報酬，則必須忍受提升風險這個副作用，不可能有什麼靈丹妙藥能夠降低風險同時又提升報酬，就像不可能有什麼藥物可以同時治療腹瀉和便祕一樣。如果有人因為便祕去看醫生，醫生可能開瀉藥給他；如果是腹瀉，醫生可能開止瀉藥給他。如果醫生不小心藥開反了，那便祕的人更加便祕，腹瀉的人加倍腹瀉，那就慘了。

　　然而以上是一般人的認知，事實上不見得正確。在中醫理論當中，有所謂的「異病同治」的觀念，意思是病症雖然不同，但造成的原因相同，所以處方用藥也相同。這是很常見的情況，所以一位中醫師很可能某天看了一位便祕患者，和另一位腹瀉患者，結果給兩個人開的方子居然一模一樣，而且效果也都非常好，這就是一種藥方同時治療便祕和腹瀉的例子。

　　而安全邊際就像這個藥方，他可以同時治療「風險太高」和「報酬太低」兩種看似相互抵觸的病症，如果你的投資同時染上這兩種疾病，請服用安全

邊際錠，一錠搞定。如果一項投資經過仔細分析之後，我判斷具有足夠的安全邊際，這代表什麼意思呢？

　　答案是，「**如果我看錯公司的前景，安全邊際可以降低虧損的風險；如果我看對了，安全邊際可以提高我的報酬。**」我稱之為「看錯降低風險，看對提升報酬。」是一種類似「有病治病，沒病強身。」的概念。

● 看錯降低風險

　　關於看錯降低風險這點，讓我舉一個我自認投資以來最失敗的案例來說明，失敗的原因不是因為損失了多少錢，而是因為損失了不少時間成本。全漢（3015）是電源供應器廠商，2011 年之前每年 EPS 都在 3 元以上，算得上是績優股。然而 2011 年之後獲利年年衰退，尤其 2014 至 2017 連續 4 年 EPS 都不到 2 元。

圖 5-3 全漢（3015）歷年 EPS 與月均價走勢（2001 ～ 2017）

資料來源：財報狗

如果看反映本業的營業利益，則情況更加嚴重，2010 年營業利益超過 11 億，2011 年只剩不到 7 億，年減 39%。接下來基本上逐年下滑，而且下滑幅度都非常驚人，2013 年營業利益 4 億、2014 年只剩 1.9 億，2015 年更首度虧損，金額達到 -1.9 億元。而我就是在 2015 年年報公布這個時間點考慮投資它。經過一番調查，同時思考了機會與風險之後，我寫下了以下文字：

2016/3/24

全漢（3015）值得投資的理由：

1. 根據 104 年年報，全漢手上現金有 38.5 億，持有旭隼（6409）股票價值 27.5 億，兩者相加 70 億等於每股 34.3 元，占每股淨值 45.4 元的 75.6%，由於公司幾乎沒有長短期借款，以 25 元以下價格買進等於買進 20 元現金加上 14.3 元旭隼持股，公司還加贈土地、廠房、存貨等其他資產。

2. 旭隼獲利快速成長，同時股價也隨之飆漲，以 2016/3/23 股價 496 元計算，由於全漢為零成本持有超過 5600 張，未實現利益達到 27.9 億，每股約 14.5 元，同時每年獲配股息持續增加，對於處於轉型期的全漢有很好的保護作用。

3. 今年旭隼配現金股利 15 元，預計全漢 Q3 可認列約 8 千萬現金股利，每股貢獻約 0.44 元。

4. 公司每年帶回大量自由現金流，所以即使年年配發不錯的現金股利，手上現金依舊持續提升，財務體質非常優秀。

5. 公司負債超過七成為無須支付利息的應付帳款，屬於好債，同時可看出公司產業地位較供應商來得高，可獲得較長的授信時間。公司收錢的速度比付錢快，所以每年可以帶回大量現金，能源源不絕帶回現金的公司就是好公司，從這點來看，全漢自然屬於好公司之列。

6. LED 現在價格已經降到甜蜜點，需求持續快速增加，全漢能在品質要求相當高的日本市場做到第二大，相信未來有機會擴大至其他市場，由其近來全漢主攻新興市場，可望成為未來成長動能。

7. 在經歷去年中國經濟成長放緩，電源供應器供過於求，造成眾多電源廠去年營收皆呈兩位數衰退之後，近期已經看到需求回溫的跡象，全漢今年 1、2 月營收更較去年呈現兩位數成長，今年營運有機會回穩。

8. 經過長期的觀察，全漢作風低調務實，不說大話，也不會只報喜不報憂，冷門成交量低，董監持股長期穩定在 25% 左右，適合長期投資。

投資全漢的風險：

1. 消費性電子競爭激烈，同業低價競爭，全漢是否真能持續維持獲利，並且轉型成功，仍屬未知。

2. 人工成本持續提升，近 3 年全漢薪資成本約以每年超過 15% 的驚人速度在成長，而同期營收和毛利卻是下降的，使得營業淨利腰斬再腰斬，去年本業甚至虧損，這樣的衰退幅度實在過於巨大甚至駭人。

3. 無線充電、儲能系統等市場不知需求何時會爆發，全漢是否真能搶占市場難以預料。

4. 關係人交易略多，有占股東便宜之疑慮，總經理曾經聯合炒手炒作自家股票，後來雖然因為深感悔意而被從輕量刑，然而此汙點已使得公司經營者誠信蒙塵。

從上面的文字可以看出，我對於全漢近幾年的衰退當然是了然於胸，甚至連主要原因也清楚，那麼我為什麼還要投資它呢？最主要的理由就是它當時的價格明顯低於帳上現金加上持有旭隼的股票資產。簡而言之，這個投資的想法在於，在資產保護的前提下，賭公司轉型成功，業績回穩。最後我以

23 元的價格買進，半年之後以 22.5 元價格賣出，由於領了一次股利，所以勉強維持住不虧損。全漢現在股價雖然在 24 元以上，但其實獲利每況愈下，已經連續 4 季本業陷入虧損了，而它之所以還能有這樣的股價，正是因為有資產保護，這也是我當時投資它的安全邊際，確實起到了保護我的投資本金的作用。

在這個例子裡，對於公司前景判斷錯誤，但因為投資的時候，我要求了足夠的安全邊際，避免了發生虧損，這就是安全邊際的功效之一：「看錯降低風險」。

● 看對提升報酬

金洲（4417）是全球漁網業龍頭廠商，至今已經成立 45 年，過去一直穩定獲利，但 2010 年之前 EPS 大都在 1 元以下，屬於低獲利公司，而且產業冷門，沒有什麼想像空間，也沒什麼成長，所以除了偶有波動之外，股價長期低迷。

到了 2010 年之後，獲利和股價都有明顯提升，然而這幾年因為昆山政府徵收昆山舊廠，補助金洲遷入新廠，在扣除新廠費用後，貢獻約 1.1 億元人民幣，這部分業外收入在 2012 年認列完畢，所以才造成 2010 年至 2012 年獲利提升，而 2012 年認列最多，所以當年度獲利暴衝，EPS 達到 4.7 元。隔年因為沒有這部分業外收入，所以 EPS 又掉回 1.8 元。而我就是在 2013 年底開始考慮投資它。

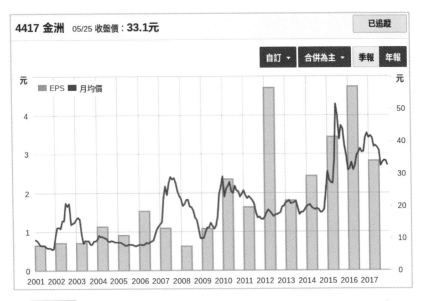

圖 5-4 金洲（4417）歷年 EPS 與月均價走勢（2001 ～ 2017）

資料來源：財報狗

　　同樣的，當時經過一番調查，同時思考了機會與風險之後，我寫下了以下紀錄：

　　公司所處產業既冷門進入門檻又高，公司又是產業龍頭，競爭壓力不大。且產品需求穩定，較不受景氣影響，產品種類繁多，銷售平均分布，也比較不受單一產品或單一市場銷量下滑而降低獲利。

　　公司過去持續擴廠增加產能，資金需求頗高，財務體質不佳，然近兩年資金需求已經降低，負債持續下降，財務體質已提升不少。過去公司一直保持獲利，即使金融海嘯也沒有虧損，雖然營收持續提升沒有立即反應在營業利益上面，但經過長時間的努力開拓市場，以及越南設廠降低人力成本，成效逐漸顯現。且高毛利產品打入北美市場後，近期獲利持續提升。近海養殖漁業漸漸成為主流，再加上公司其他陸上用網亦有發展潛力，看好將來獲利可以進一步提升。

公司經營超過 40 年，家族持股比例超過 40％，認真經營的正誘因強烈，比較令外部股東放心。綜合以上，個人認為這是可以安心長期投資的標的。

以上文字可以說是當時調查之後寫下的重點摘要，為了更凸顯重點，以及更清楚說明當時的判斷依據，以條列式解釋說明：

一、公司產業冷門，進入門檻高，所以這不是一個紅海市場。而且這個產業沒有什麼成長性，年產值也不高，可以說無大利可圖，像這種既麻煩又賺不了什麼錢的產業，本身就具備護城河，因為根本不會有新的廠商想進入，原先的廠商通常可以穩穩地獲利，甚至慢慢淘汰競爭力比較差的廠商而形成寡占。金洲是產業龍頭，有競爭優勢，加上產品需求穩定，不容易被取代，未來持續獲利機會很高。

二、這個產業變化緩慢，比較不用擔心市場突然發生重大變化，而造成公司失去競爭力。另一方面，公司過去做了很多努力，包括努力開拓市場，越南設廠降低人力成本，以及努力發展高毛利產品。這些努力不會一下子就看到效果，但是終究會慢慢顯現，而我之所以決定在 2013 年底這個時間點投入，當年度毛利率出現明顯提升是原因之一，表示可能開始顯現成效。

三、海上箱網養殖逐漸成為主流，這是一個非常確定且長期的趨勢，而相較於傳統捕撈漁網，養殖箱網毛利更高，且進入門檻也更高，也就意味著這個市場更加寡占，金洲很早就開始發展養殖箱網，是極少數能獲得歐洲箱網養殖大廠認證及獲得採用的生產業者之一，我相信這個大餅金洲肯定吃得到，而且可以吃很久。

四、過去公司雖然穩定獲利，但其實這個產業非常辛苦，為了避免延誤交期，帳上總是累積大量存貨，積壓了大量資金。更不利的是，向上游供應商進貨時，付款天數非常短，甚至很多時候必須付現，向下游客戶收款卻必須等兩個月以上，以至於公司非常依賴銀行提供流動性，所以負債比始終居高不下，流速動比不佳，財務體質偏弱。而昆山遷廠補助的 1.1 億元人民幣，相當程度地提升了財務體質，這也是我選擇在這個時間點投資的重要原因。

五、公司成立超過 40 年，家族成員持股比例高，利益和外部股東比較一致，傷害股東權益的機率較低，認真經營的動機較強，且過往沒有發現任何不良紀錄，投資這樣的公司，讓我感覺比較安心。

根據以上分析，判斷公司未來獲利很可能穩定提升，所以我以當時本益比大約 10 倍左右買進。如果判斷正確，公司獲利確實提升，即使本益比維持 10 倍，還是可以獲得合理報酬。如果因為獲利提升，市場給予的本益比提高，那獲利空間就更大了。

反過來說，即使對於公司前景判斷錯誤，公司獲利沒有明顯提升，根據前面分析，至少維持獲利的機率也很大，這樣的價格長期持有應該也不容易虧損。所以實際上我的安全邊際，在於對公司獲利能力比較深入的分析，而不在於買進的本益比較低。事後來看，2014 年之後獲利連續大幅成長，股價也一度飆漲到 50 元以上，獲利高達 180% 以上。即使持有到現在，在不計股利的情況下，獲利也超過 80%。

在這個例子裡，我對於公司前景判斷正確，甚至還超出我的預期，同時因為投資的時候，設定了安全邊際，報酬相當可觀。這就是我所謂安全邊際的另一功效：「看對提升報酬」。

• 安全邊際的真實內涵

安全邊際聽起來非常簡單，就是買的價格愈便宜，安全邊際就愈大。問題是什麼叫做便宜？一般來說，一家獲利持續提升的公司，股價也會持續提升。有時候股價提升得太快了一點，就會出現本益比提升、股價淨值比也提升、現金股息殖利率卻降低，稱為「二升一降」的現象。這時候如果回頭看過去一段時間的數據資料，就會發現原先低本益比、低股價淨值比以及高股息殖利率，這種「二低一高」的時候，股價顯得相當便宜，安全邊際相當大。如果在當時買進，風險相當低，報酬卻相當高。於是誤以為「二低一高」就代表具有安全邊際，這其實同時犯了倒果為因，以及以偏概全的邏輯錯誤。

第一，上面的例子是公司獲利提升的情況，原先的「二低一高」自然具有安全邊際。**獲利提升才是安全邊際的因，「二低一高」是其實獲利提升的果。**因為當公司獲利提升，將帶動股價提升，進而導致「二升一降」，相較之下才出現原先的「二低一高」，一切都是相對的！

若一家公司過去長期本益比都在 12 倍上下，你可能不會覺得這個本益比特別低。但是當公司獲利開始比較明顯的提升，帶動股價跟著大幅提升，於是本益比也會跟著提升，例如變成 15 倍，並且維持一段不短的時間。這時候突然就覺得公司過去 12 倍的本益比真是便宜，安全邊際真是大。也就是說，安全邊際不是來自「二低一高」，而是來自公司獲利的提升，千萬別犯了倒果為因的錯誤！

智邦（2345）在 2013 ～ 2015 年這 3 年間，本益比大致在 10 倍到 15 倍的區間，2016 年之後本益比和股價都大幅提升，以至於 2015 年之前的低本益比顯得安全邊際相當大。但原先的低本益比其實是後來獲利大幅提升的結

果，因為獲利大幅提升導致本益比也跟著大幅提升，相對地原先的本益比就顯得很低。而獲利大幅提升，才是這個投資具有安全邊際的原因。若能夠合理判斷這個獲利提升的機率有多大，才有可能合理判斷買進價格是否具有安全邊際。

第二，這個例子的「二低一高」看起來非常便宜，具有安全邊際，不代表其他例子也是如此，這樣推論就是犯了以偏概全的錯誤。事實上，多的是相反的例子，也就是公司獲利下滑，股價也跟著下滑，但是股價下滑的速度比較慢，同樣可能導致「二升一降」（股價淨值比比較不容易提升，但這不影響論述。）。

這時候的「二低一高」不但不具備任何安全邊際，實際上風險還很大，這種情況就是一般人所謂的「價值陷阱」。其實我不認為這算什麼陷阱，因為「二低一高」本來就不等同具備安全邊際。換句話說，這純粹是投資人自己誤把菜刀當成屠龍寶刀，根本和什麼陷阱無關。

回頭看看前面海韻電的例子就是屬於這種情形，公司在 2014 年 10 月到 2015 年 7 月，本益比都相當低，股價卻大幅下跌。而且由於獲利下滑更嚴重，反而造成之後的本益比提升。這種情況低本益比完全不代表具有安全邊際，千萬不要因為低本益比的智邦具備安全邊際，就以為低本益比的海韻電也同樣具備。好比有位穿了漂亮洋裝的美女很美，其他人穿上同一件洋裝也會一樣美麗嗎？重點不在於那件洋裝！

「好吧！說了那麼多，我同意安全邊際不是低本益比那麼簡單，那到底什麼是安全邊際？如何判斷某個價格買進是否具備安全邊際？」問得好！這正是我接下來要說明的。

首先，什麼是安全邊際？這個問題看起來很容易回答，其實一點都不容易。先複習一下安全邊際的定義：

安全邊際＝內在價值－外在價格

如果我們要計算出安全邊際，就必須先知道等式右邊的兩個數字。外在價格就是股價，屬於已知數，所以安全邊際其實可以等同於內在價值。現在我們等於把問題轉化為「什麼是內在價值」了？有變得比較容易嗎？一點也沒有！

這裡必須說明一下，雖然我上面使用「計算」這兩個字，其實安全邊際，或者內在價值，主要是一個概念和原則，並不是真的可以精確計算的數字。雖然巴菲特認為，一間公司的內在價值，等於該公司未來可以產生的所有自由現金折現後的總和。看起來好像可以精確算出價值，其實這依然只是一個概念和原則，所以如果不知道如何計算自由現金折現後的總和，完全不用擔心，因為根本不需要知道。

查理蒙格說過：「巴菲特老是在講現金流量折現，可是我從沒看過他計算過。」所以，想要了解什麼是一家公司的內在價值，不要老想著找出公式算出來，而是應該把它當作概念，重點是找到能夠讓我們大致判斷出公司值多少錢的資訊，而不是努力按計算機試圖計算出公司的精確價值，模糊的正確遠勝於精確的錯誤，這才是價值投資。

價值投資不是一個特定的投資策略，而是一個思維模式，引導我們走向正確的道路，專注於評估公司的價值，而不是市場給予它的價格。

　　《七龍珠》裡有個弗利沙的角色，他一共可以變身 3 次。為了回答「什麼是安全邊際？」這個問題，我們把問題轉變為「什麼是內在價值？」，這是第一次變身。在了解一間公司的內在價值等於未來可以產生的所有自由現金折現之後，現在我們進一步把問題轉變為「公司如何創造自由現金流？」，這是第二次變身了。

　　一家公司的業務如果有獲利，通常會創造營業現金流入，為了方便說明，姑且讓我們假設營業現金流就等於公司的稅後淨利吧。另一方面，公司為了維持競爭力，或者為了創造更多獲利而擴大經營，都不免要投入資金購買廠房設備等等，於是就要花錢，這部分的花費就稱作投資現金流，自由現金流就是營業現金流減去投資現金流。簡單講，就是公司業務賺來的錢，扣除投資在廠房設備所花掉的錢。

　　了解這點之後，我們就可以試著回答上面二次變身的問題：「公司如何創造自由現金流？」簡單說，只要公司賺來的錢足以支付必要的投資支出，多出來的錢就是公司創造的自由現金。進一步說，公司愈賺錢，同時需要再投資的花費愈少，這家公司就愈值錢。就好比某人的工作收入很高，又不需要額外投資什麼行頭，例如某些厲害的高薪工程師，每天上班卻都是便宜的 T 恤加牛仔褲，幾乎沒有額外花費，甚至連伙食都是吃公司的，數十年如一日，工作收入可以完全轉化為自由現金流入。

　　而另一人工作收入不但不高，為了賺錢可能還必須持續花錢，例如某些業務底薪很低，甚至完全沒有底薪，為了營造專業形象，取得客戶信任，可能還必須投資在自己的外觀行頭上，每天開著車跑客戶，除了必須買一輛車之外，還得餵飽自己和車子，每個月光是伙食和油錢支出就頗為可觀，因此工作收入能夠真正轉化為自由現金的部分有限。

　　如果把這兩人想像成上市公司，誰比較值錢呢？所以在判斷哪一家公司比較賺錢的時候，千萬不要只看到賺進來的錢，也別忽略了花出去的錢喔！

　　既然公司創造自由現金流的關鍵，在於投入較少的資金創造較高的獲利，那現在我們再來第三次變身，我們把問題再度轉化成為「公司如何維持獲利？」這個問題就牽涉很廣了，包含產業特性、公司的商業模式、公司的策略以及市場的供需狀況等等，但最重要的因素還是公司本身的競爭力強弱，也就是公司是否具有強大的護城河，所以我們的任務就是辨識公司的護城河。

　　一家公司無論帳面獲利多寡，如果無法創造自由現金流，也就沒有太大的價值，這樣的公司乍看之下可能會以為是產業特性，使得公司為了維持獲利能力必須持續將賺來的錢再投資，其實本身護城河不足可能才是根本原因。真正具備護城河的公司，即使無法像可口可樂這般，無須太多資本支出，就可以維持獲利能力，至少也應該像台積電這樣，雖然持續投資先進製程造成大量的資本支出，但這些投資卻足以創造未來更多的自由現金流，這些都是具備護城河的例子。相反地，許多太陽能電池廠商，例如新日光（3576），長年自由現金流都是負的，大量的資本支出，卻仍舊無法創造穩定獲利，這樣的公司不具備護城河，內在價值也不高。

　　當然，也有像亞馬遜這類，雖然很長時間無法創造自由現金流，但是過往投入的資金，都一磚一瓦地建構了愈來愈強大的護城河，這樣的公司，即便尚未開始獲利，市場便已經給予極高的評價了，因為在一個成長性極高的產業具備強大的護城河，這可是非常值錢的。因此，一家公司是否具備護城河，絕對不是算一算過去累積多少自由現金流就可以判斷，而是要深入分析商業模式，全面的思考才有可能評估，只能說一家長期以來持續創造大量自

由現金的公司，確實是比較可能具備護城河的。

　　一家公司如果具備足夠強大的護城河，未來持續獲利的機率就比較高，了解公司的商業模式，也就了解為了維護這個護城河，需要投入的費用，這樣我們才能估算公司未來的自由現金流，然後估算公司內在價值，最終才能判斷什麼樣的價格買進才具備充足的安全邊際。

　　前文所舉的工程師和業務的例子，並非工程師就一定比業務有價值，有些工程師不思與時俱進，也許某幾年收入不錯，但隨著科技的進步，工程師如果沒有持續提升自己，維持自己的競爭力，可能就會慢慢的被市場淘汰。反觀業務雖然初期的收入不穩定，投資花費也比較多，但如果持續提升自己的專業能力，累積的忠誠客戶愈來愈多，收入就會穩定提升，競爭力也就愈來愈好，自身的價值就愈來愈高。所以我們在挑選好公司的時候，不能只看過去某段時間的表現，必須要有一定的能力預測未來。

　　當然，未來是不可預測的，但是一家用心經營，持續提升競爭力的好公司，未來持續維持獲利能力的機率總是比較大的，所以我們能做的，就是仔細檢視一家公司過去的發展軌跡，觀察公司是否努力加深自身的護城河，這個部分必須長期觀察，沒有捷徑可走。就好比前面提到的工程師和業務員，如果要選其中一人長期投資，我們必須好好檢視他們過去長期以來的行為，投資持續努力提升自己競爭力的人，應該會是比較好的選擇。

　　所以決定要投資一家公司之前，我幾乎都會把過去所有能夠線上下載的年報，全部下載並且仔細研讀，主要目的就是觀察公司過去的言行是否一致，經營者是否具備長遠眼光，公司擬定的策略是否確實執行並看見成效，公司是否一點一滴地持續累積護城河，如果這些問題的答案都是肯定的，那麼對

於這家公司未來的發展，才比較能夠預期，確定性會比較高。

經過了三次變身，現在知道什麼是安全邊際了嗎？或者說，如何判斷某價格買進某檔個股是否具備安全邊際？答案就在於辨識並且丈量公司的護城河！一家護城河強大的公司，有很大的機率可以確保未來持續獲利，而且為了維持競爭力需要再投入的資金，通常會比競爭對手更少，因此可以創造更多的自由現金流，內在價值也就比較高，也比較確定，因此安全邊際也比較能夠確定。

同樣是晶圓代工，台積電的自由現金流就遠大於聯電（2303），這顯示台積電的護城河較深，內在價值也遠高於聯電。有沒有覺得驚訝呢？安全邊際和護城河這兩件事情看起來好像毫不相關，結果其實是同一件事！想知道以某個價格買進某家公司是否具備足夠的安全邊際，就必須仔細分析這家公司是否具備足夠的護城河，因為公司能夠穩定獲利，未來的自由現金流才有估算的可能，內在價值就是未來自由現金流的折現，若無法估算內在價值，自然也無法判斷安全邊際。

一家公司的內在價值不會是一個精確數字，頂多是一個模糊區間，而且這個區間還會隨時間變動，只有少部分護城河強大的公司，因為未來穩定獲利的確定性比較高，所以模糊區間比較小，其他大部分公司的內在價值則非常模糊，許多甚至模糊到內在價值這個概念幾乎沒有什麼用處，所以若要運用安全邊際這個概念，其實能夠選擇的公司並不多。下面引用《巴菲特的勝券在握之道》書中文字說明這點：

巴菲特認為，一家公司未來現金流量的可預測性，應該要像債券的利息一樣確定。如果一家公司的業務簡單又可以理解，而且有持續獲利

的營運能力,巴菲特就能非常肯定地算出未來的現金流量。如果他無法做到這一點,他就根本不會去評估那家公司的價值。這是巴菲特投資方法中最特殊的一點。

一家擁有充足護城河的公司,擁有持續獲利的能力,未來現金流比較具備可預測性,那麼內在價值模糊空間也就比較小,投資這樣的公司,安全邊際的概念才會比較有意義。有許多公司本身不見得有多麼強的競爭力,可能只是因為產業景氣好而大賺一波,這樣的公司因為不具備護城河,未來獲利很可能下滑,這類公司內在價值其實不高,如果以當時景氣好的高獲利估算內在價值,很可能掉入陷阱,例如前面提過的佰研(3205)就是一例。

另外,雖然我前面寫了一個安全邊際的公式,看起來可以直接算出安全邊際,但其實公式只是為了方便說明安全邊際只是個概念,當講到某檔股票現在至少具有 20 元以上的安全邊際時,讀者或許以為我用計算機仔細算過公司的內在價值,其實我只是在腦海裡面隨意心算一下罷了。如果真的要把安全邊際仔細算出來才知道能不能投資,那這項投資的安全邊際其實也不夠大;真正具備足夠大的安全邊際的公司,只要是在能力圈內且深入研究過的公司,應該是一看就知道,根本不需要計算。

現在,如果再認真地想一想,**安全邊際其實包含了內在價值、市場先生(外在價格)以及護城河這幾個概念,如果要能夠辨識甚至丈量護城河,肯定要在能力圈範圍之內才有可能,所以安全邊際也把能力圈概念包含進來了**。所以說葛拉漢說:「若要用一個概念解釋價值投資,那就是安全邊際」,一點也沒錯!

● 短期安全邊際

前面我們費了九牛二虎之力，終於解釋了安全邊際的內涵，這觀念確實精妙絕倫，但仔細想想，可能會覺得難以實際運用。這是因為前面內在價值的定義裡面，關於公司未來創造的自由現金這點，其實是考慮無窮長的時間。或者換個角度說，安全邊際定義在現在的價格，和無窮長的時間之後公司累積的自由現金總和折現值之間的差異。換句話說，如果你持有股票的時間不是接近永久，那麼你不見得可以感受到這個安全邊際。這麼說可能有點抽象，簡單說吧，如果你不打算永久持有一檔股票，那麼你運用安全邊際這個概念時，就應該要有所修正，我稱之為「短期安全邊際」。

顧名思義，短期安全邊際只有短期有效，如果你判斷某個價格買進一檔股票具備短期安全邊際，但不確定是否具備長期安全邊際，那最好的做法就是短期內獲利了結。所謂的短期是相對於長期而言，可能是 1、2 年，也可能是 3、5 年。

和前面解釋的安全邊際相比，這裡只是多了短期兩個字，基本精神都不變，功效也不變，但實際運用上就會簡便許多，也靈活許多。這有點像在物理理論中，物理學家總希望發明一個適用範圍儘量大的理論，理論適用範圍愈大愈好，最好是能夠發明一個萬有理論，能夠解釋宇宙的所有物理奧祕。但真正遇到實際問題的時候，物理學家又會採用最適合該問題的簡化或近似理論。

所以**雖然安全邊際的時間尺度其實包含到無窮長，但我們應該根據不同股票設定不同的投資時間尺度，然後使用短期安全邊際的概念。**而不是針對每一檔股票，都硬套長期安全邊際的公式。畢竟不同公司、不同產業狀況都

不相通,大部分的公司其實長期的安全邊際只存在於理論,實際上根本不存在,或者說不確定性太高。但是短期來說,只要產業處於自身能力圈內,其實大部分時候都可以判斷是否具備安全邊際。如此一來,安全邊際就不再如同天邊一朵雲那般遙遠,大部分人都可以運用這個神兵利器,同時達到降低風險和提升報酬的功效。

在實際運用上,短期安全邊際非常靈活,每個人都可以發揮創意,找出某檔個股在某段期間具備的安全邊際。然後運用這短期的安全邊際,降低短期風險,同時創造短期報酬。我常用的策略有三,分別稱之為上、中、下三策。

上策:找到某家公司,在足夠的信心程度內,預測未來某段時間,獲利將會大幅提升,而目前本益比偏低。

這樣的安全邊際最大,潛在報酬也最高,因為一旦獲利確實大幅提升,本益比可能也跟著提升,兩種效果加成,獲利將相當可觀。即使獲利沒有大幅提升,只有小幅提升,至少買進的本益比偏低,未來即使本益比沒有提升,依然可以獲取合理報酬。只要不是獲利衰退,這筆投資就不太可能虧損,所以重點在於對公司未來業績的判斷不能太過偏差,一定要有充足證據,確信未來獲利提升的機率很高,那麼至少就短期來說,就具備了相當大的安全邊際。

中策:找到某家公司,因為暫時性因素造成獲利和股價下滑,預測未來將恢復獲利水準,而現在的本益比偏低。

相較於上策,中策的安全邊際比較容易確認,只是潛在報酬較低,風險

也比較高。但若考量所花費的心力不多，這種機會 CP 值可能更高，還是應該好好把握。報酬來自現在的低獲利水準，和之後恢復到原有的獲利水準之間的差距。風險則是來自如果造成獲利下滑的因素是持續性的，我們卻誤判為暫時的，那麼買進之後，獲利和股價可能進一步下滑。所以風險還是來自誤判，而誤判源於分析做的不足，也就是無知程度過高，別忘了風險來自無知。在這種情況下，你所看到的安全邊際，不過是海市蜃樓，一切都是假的。

下策：找到某家公司，流動資產雄厚，在扣除流動負債之後，仍高於或只是略低於目前市值。

相較於上、中兩策，下策的潛在報酬更低，風險更高，但也更容易辨認。我們要做的就是確認公司帳上流動性資產，如現金、金融資產、應收帳款、以及存貨等價值，以及其真實性，然後再扣除所有流動負債。如果目前市值低於這個數字，那麼就真的等同於拿 5 毛買 1 元了。潛在報酬非常清楚，大約是 100％。

實現的過程是，當其他人也發現這裡有一批便宜的 1 元硬幣，愈來愈多人買進時，這些 1 元硬幣就會慢慢漲價。當他們的標價回到接近 1 元的時候，我們原先用 5 毛錢買進的硬幣，就可以 1 元賣出。當然，這種好事不常發生，如果真的發現，一定要小心謹慎，判斷那些硬幣是不是偽幣，而且然後保守估計它的價值。

如果確認無誤，那還要判斷公司本業狀況不能太糟，因為我們不是真的只買那些硬幣，而是買下整家公司的部分股權，如果公司持續虧損，這些硬幣還是會慢慢消失的。所以無論如何，**千萬不要買進一家持續虧損，不見好轉的公司，這樣的公司無論手上有多少現金，依舊不存在安全邊際，因為坐**

吃終究會山空的，除非你有能力把整家公司買下來，然後直接清算，否則還是避開為妙。

　　以上三策的實例，上策可以參考本章有關金洲的案例分析，中策可以參考第四章有關大洋 -KY 的分析，下策可以參考本章關於全漢的分析。值得注意的是，三策並非完全獨立，而是會搭配運用。例如，大洋 -KY 的案例主要切入點是認為它當時獲利下滑，很大程度上來自暫時性事件，判斷在這些因素消失之後，獲利就可以恢復，這屬於中策的思維。但分析裡面也同時考量了他未來獲利的成長性，這又是上策的思維。如果能靈活運用三策，我相信要找出短期安全邊際並不是非常困難，對於我們一般人而言，這已經足以大幅降低風險了（也就意味大幅提升報酬）。

　　安全邊際是價值投資最重要的概念，也是所有價值投資者身上的印記，許多人喜歡尋找投資的「標準作業流程」（SOP），雖然我總是說投資沒有SOP，但是卻有非常簡單的基本原則，那就是確實理解安全邊際，然後在投資某檔個股之前，永遠都要確保買進的價格具備足夠的安全邊際。如果能確實做到這項原則，我相信一定可以大大降低投資風險，然後再大大提升投資績效。

第 6 章

投資哲學

就在我邊做邊學價值投資兩年過後，一路上雖然對於價值投資這門武功信心滿滿，但畢竟自己初學乍練，尚不成氣候。同時也擔心自己練功方式錯誤，如同歐陽鋒逆練九陰真經，練到起痟那就慘了。因此一直兢兢業業，小心謹慎，心中總覺得還缺少一些重要的東西，但始終不確定那到底是什麼。後來才突然想通，我缺了一個屬於自己的完整論述，屬於自己的投資哲學。

● 投資哲學的形成

2014 年 7 月，因為老婆即將臨盆，所以我們決定搬回桃園蘆竹娘家待產，產後也在娘家坐月子。小孩 7 個月大之後又搬回中壢老家，直到 2016 年初離職，這 1 年半的時間，我天天桃園來回新竹通勤。

當時真的是我生命中最辛苦的一段時間，每天光是通勤就要花上 5 個小時，再加上工作家庭兩頭燒，真是苦不堪言。但是奇妙的是，一切似乎上天早有安排，這段期間可能也是我投資生涯當中最重要的一段。因為當時我每天要花大量的時間通勤，無論是等車還是坐車，甚至是走路時，我唯一能做的事情，除了發呆就是思考。於是我花了七成的時間發呆，三成的時間思考，這樣每天思考的時間也有 1.5 個小時了，1 年半的時間累積下來，真的可以想清楚蠻多事情的。而其中最重要的就是，我逐漸建立起屬於自己的投資哲學和策略了。

我認為這件事情實在太重要了，這就好比物理學家在面對一些物理問題時，一定要先有理論框架，然後才能找出合適的解決方案。否則只能永遠停留在 trial and error，不斷地嘗試錯誤，卻始終沒有解開問題的一天。**投資哲**

學就是我在處理投資問題時候的理論框架，有了這個理論框架，才能發展出相應的投資策略。 投資如果缺少這一部分，就會像無頭蒼蠅，到處亂撞，最後肯定傷痕累累，這也是許多散戶投資人的寫照。

對我來說，價值投資的基本原則就像歐幾里德幾何學的基本公設，是不證自明的，我們並不需要特別花時間去證明這些原則，只要接受即可。就像無論你是不是正在看著月亮，月亮一直都在那裡，這件事情不需要經過證明。

投資哲學則是在這些原則底下，根據每個人不同的人格特質，建立起來的一些投資觀點。而投資策略則是基於投資哲學而發展出來的投資方法或技巧。投資哲學是因人而異的，不存在唯一正確的投資哲學，因此也不存在一體適用的投資策略。眾多投資哲學當中也沒有孰優孰劣的問題，只有適不適合自己的問題。這又回到了前面提過的，投資最重要的就是適性而為，不能勉強自己接受不符合個性的觀點，也不能刻意複製其他人的投資策略。很多人喜歡在自身衣著外觀等方面展現個性，其實投資是最能展現個性的領域之一，很難找到兩個投資個性一模一樣的人，因為每個人都是獨特的。

然而話雖如此，也不代表就可以天馬行空的提出不合邏輯的投資觀點，投資畢竟不是如同《愛麗絲夢遊仙境》（Alice's Adventures in Wonderland）般的奇幻小說，而是比較像《福爾摩斯》（Sherlock Holmes）的偵探小說！所以說投資既是一門科學，也是一門藝術，科學的部分在於證券分析是有一些客觀依據的，例如公司的財務分析，一般情況下，一家持續創造充沛現金流的公司，表現肯定比持續燒錢的公司優異。

而藝術的部分則在於它同時也存在許多主觀偏好，例如有些人喜歡大型公司，有些人則偏好中小企業，有些人追求高成長，有些人則更偏好穩健獲

利的公司，這沒有絕對的對錯，純粹只是每個人個性偏好不同。

　　因此，**建立投資哲學一方面需要深入思考，仔細辯證邏輯的合理性，這是科學的部分；另一方面則要考慮到必須符合自身的個性，滿足自己的審美觀，這是藝術的部分。**這當然不是短時間能完成的事情，而是需要持續閱讀，持續思考，然後透過實際累積投資經驗，最後才慢慢成形的。

　　就我來說，在投資過程中，我總是反覆遭遇幾個重大疑問，這些疑問驅動我持續的思考，最後我提出了自己的答案，這些答案就形成了屬於我的投資哲學。建立了投資哲學之後，很自然地就會產生相應的投資策略。我稱之為問題─哲學─策略三部曲，也就是投資遭遇問題、問題驅動哲學，哲學引發策略。

　　於是自此之後，雖然小的困惑不可避免，畢竟沒有人是全知的，但我的投資幾乎不再有大的困惑。這讓我有種脫胎換骨的感覺，就如同周星馳電影《食神》裡面的台詞：「自從吃了撒尿牛丸之後，頭腦就靈光了很多，每次考試都考一百分呢！」這並不是說我自此擠入投資大師之列，只是要說明投資哲學的重要性。以往關於如何選股、該持有幾檔股票，以及何時買進何時又該賣出等等問題，無一不困擾著我。自從我想清楚了自己的投資哲學和策略之後，一切都變得非常清晰，就像吃了撒尿牛丸一般。我的決策或許不能最大化投資報酬，但絕對是最適合自身個性，可以讓我每天安心睡好覺，保持心情愉快的決策。

　　為了進一步說明，表 6-1 整理了問題─哲學─策略等三者之間的關係。請注意，這張表只列出幾個常見且重要的問題，投資的過程中肯定會遭遇更多的問題，也會引發出更多的思考，所以這張表並不完整，只是用來說明上述問題──哲學──策略三部曲，千萬不要誤會這張表就是我所有的投資哲學。

問題	哲學	策略
如何找到價值被低估的股票？	真正的寶藏必定埋藏在人煙稀少處。	專注找尋被低估的冷門股。
什麼是公司最有價值的資產？	能夠持續穩定獲利的公司最性感。	透過深入研究，丈量公司的護城河。
如何同時降低風險又提高報酬？	籃子數量不重要，堅不堅固才是重點。	集中投資，並持續優化投資組合。
如何排除投資雜訊？	簡約就是美——投資的極簡主義。	只關注公司競爭力，其餘一概不予理會。

表 6-1 問題—哲學—策略三部曲

資料來源：作者整理

• 人棄我取

根據定義。價值投資就是要找到價值被低估的股票，所以價值投資者第一個會遇到的問題就是：「如何找到這些股票？」

在深入思考這個問題之後，我得出表中第一個投資哲學：「真正的寶藏必定埋藏在人煙稀少處。」這些價值遭到低估的股票就是苦苦找尋的寶藏，你有聽說過寶藏就在人來人往的大街卻沒人發現這種事嗎？所以藏寶圖上大大的紅色叉叉，總是畫在人煙罕至的地區。於是這樣的想法又引發出相應的策略：「專注尋找被低估的冷門股」。現在知道為何我的粉絲專頁名稱為「燈火闌珊處——人棄我取的冷門股投資哲學」了吧！

　　一個熱門產業裡面的熱門公司，肯定同時會吸引大量的法人分析師追蹤研究，緊盯著這家公司的所有數據。在這種情況下，你認為這家公司被低估的可能性有多少？我想應該不會太高吧！另外，這些分析師不乏國內台清交的高材生，或者美國常春藤名校畢業生，他們都是受過嚴格訓練的菁英，資訊的取得也遠比一般散戶投資人快速。在這種情況下，即使公司的價值真的遭到低估，你也必須足夠自負，相信自己能夠打敗所有這些法人分析師，這當然不是不可能，但肯定不容易。

　　如果我們把注意力放在一個冷門產業裡面的冷門公司，那情況就完全不同了。**這樣的公司可能根本無法引起法人的興趣，沒有任何分析師追蹤。在這種情況下，你的對手就是一般散戶投資人，這些人通常對公司的研究比較不深入，如果你能夠多花一點時間心力，對公司做比較詳盡的分析與調查，那麼你找到價值被低估的股票的機率肯定會提高不少。**

　　一家受到追捧的熱門公司，由於市場對這家公司前景十分看好，所以通常會給予較高的本益比。如果你投資這樣的公司，那麼你的獲利空間來自公司業績比市場預期更好。反之，一家受到遺棄的冷門公司，由於市場認為他前景黯淡，通常會給予偏低的本益比。如果你投資這樣的公司，那麼你的獲利空間來自公司其實沒有市場想像的那樣差。如果不考慮人性，以上兩者並沒什麼不同，獲利空間都是來自公司表現優於市場預期。無論市場是看好還是看壞，只要公司表現優於預期，投資都能夠獲利。

　　然而心理學告訴我們，人類總是容易過度樂觀或悲觀，而市場就是由所有投資人所組成，所以市場也總是容易過度樂觀或悲觀。當市場樂觀看好某家公司前景明亮的時候，其實常常是過度樂觀的。如果基於市場一致看好某家公司而買進，那麼你要獲利就必須期待公司的表現，必須優於過度樂觀的

市場預期，一旦這件事沒有發生，你就容易受傷，有時候甚至會遭受重傷害。劍麟（2228）就是如此，過去市場一直非常看好，所以長時間都給予18倍以上的高本益比，結果後來表現遠低於市場預期，結果投資人只有等著被「戴維斯雙殺」的命運。

相反地，如果市場一致看壞某家公司，而你判斷這家公司其實沒有市場認為的那麼差而買進，那麼只要公司的表現優於過度悲觀的市場預期，這項投資就很有機會獲利，而且很多時候甚至可以取得驚人的報酬。金洲（4417）以及大洋-KY（5907）的分析，就屬於這種例子。前者因為漁網業是一個零成長產業而受到冷落，但實際上捕撈漁網雖然零成長，但是養殖箱網卻是大幅成長的，更重要的是，箱網的毛利遠高於一般捕撈漁網，於是造就了金洲近幾年獲利的大幅成長。後者因為電子商務的發展重創傳統百貨而被看壞，但其實電子商務已經發展到了一個瓶頸，而傳統百貨也積極轉型，獲利也從谷底反彈。以上兩者都是價值投資者因為市場過度悲觀而獲取超額報酬的最佳實例。

•丈量護城河

價值投資的核心就是要能夠辨認出公司的內在價值，所以很自然的，我在投資的過程中就會一直遇到這個問題：「什麼是公司最有價值的資產？」。而我所思考出的哲學就是：「能夠持續穩定獲利的公司最性感」。

根據過往經驗，我一直覺得持久力比爆發力重要，一家能夠長年穩定獲利的公司，比起短時間獲利爆發卻無法持久的一代拳王，更能夠獲得我的尊敬。是什麼因素使得公司能夠持續穩定的獲利？答案是「護城河」。一家公

司無論身處任何產業，無可避免地會遇到各式各樣的競爭，在高度競爭的商業戰場裡，想要持續獲利唯一的辦法就是擁有堅強的護城河。所以我的策略就是：「透過深入研究，丈量公司的護城河。」

一旦確認了公司護城河的深淺，對於它未來穩定獲利有信心，接下來所有關於公司未來獲利或者現金流的估算才有意義，而這些估算最終可以幫助我判斷公司的內在價值是多少。如果一家公司沒有護城河，無法維護自己的利潤，那麼這樣的公司也就無法創造價值，頂多只有清算價值。很多人會透過產業的調查，估計整個產業的產值，以及未來成長率，如果產業前景看好，屬於高成長產業，就容易吸引眾人目光，爭相搶著投資產業內的相關公司。然而其實餅有多大不重要，能吃到多少才是重點，並非整個產業高度成長，底下的相關公司就一定會跟著成長，一切還是要看公司有多少本事，所以我認為一家公司最有價值的資產就是護城河，這才是確保公司能夠持續獲利的關鍵。

假想有兩家公司 A 和 B，A 所處的產業產值以每年 20％ 的成長率高速成長，然而 A 沒有足夠的護城河維持獲利，於是獲利的成長率持續衰退；而公司 B 所處的產業產值以每年 5％ 的成長率緩慢成長，然而 B 是產業內的領導廠商，有強大的護城河，所以可以取得優於平均的成長率。

A 公司	第 0 年	第一年	第二年	第三年	第四年	第五年
EPS	1	1.15	1.27	1.33	1.33	1.26
成長率	x	15%	10%	5%	0%	-5%
B 公司	第 0 年	第一年	第二年	第三年	第四年	第五年
EPS	1	1.05	1.13	1.24	1.39	1.6
成長率	x	5%	8%	10%	12%	15%

表 6-2 公司身處的產業產值與其護城河的相對比較

資料來源：作者整理

A 和 B 哪一家公司更值得投資？很明顯是 B 公司。所以重點不在於產業成長性，並非產業沒有成長性，產業內的個別公司就都沒有成長性，公司自身的競爭力才是重點。一個低成長甚至零成長的產業，還是可能出現高成長的企業，因為他們可能持續吃下競爭對手的份額，甚至慢慢形成寡占。但必須注意一點，如果產業持續衰退，甚至有消失的危險，那無論公司自身競爭力多強，都不適合長期投資。例如光碟片製造商錸德（2349）和中環（2323）因為網路串流影音服務的興起，幾乎完全取代了光碟片的用途，造成需求急速下滑，這兩家原本獲利相當不錯的廠商，立刻陷入長期且似乎漫無止盡的虧損當中。

一家公司如果能夠穩定獲利，那麼長期持有這家公司股票的投資人，自然也能夠穩定獲利，如果你是追求資產穩健成長的投資人，更應該關注公司的護城河。**很多人認為低成長的公司不具有投資價值，其實不然，因為這樣的公司通常股價便宜，只要它有足夠競爭力，未來即使緩慢成長，長期投資人還是能夠獲得滿意的報酬。**

假設 C 公司正是這種類型，每年獲利只有 5% 的低成長性，雖然十分穩定，但由於成長性偏低，市場興趣缺缺，所以本益比只有 10 倍。由於產業成熟，公司護城河足夠，所以資本支出不多，公司每年都將九成獲利回饋股東。

現在如果你以 100 元買進（本益比 10 倍）C 公司並長期持有，那麼以成本計算，每年光是現金股息殖利率就高的嚇人，持有 4 年之後每年就有 10% 以上的殖利率，而且每年持續成長，到了第七年就超過 12% 了。即使我們不考慮因為獲利成長而產生的資本利得，每年光是現金股利所提供的報酬率，就已經足以穩定打敗大盤（過去 15 年台灣加權股價報酬指數年化成長率為 9.78%），這樣的投資報酬率難道還不夠好嗎？要知道長期來看，超過九成的基金是無法打敗大盤的喔！

C公司	第一年	第二年	第三年	第四年	第五年	第六年	第七年
股利	9	9.45	9.92	10.42	10.94	11.49	12.06
殖利率	9%	9.45%	9.92%	10.42%	10.94%	11.49%	12.06%

表 6-3 低成長率卻擁有高殖利率也可創造高投報

資料來源：作者整理

所以到底該如何打敗大盤呢？我認為最簡單的策略，就是透過深入研究，確認公司具備足夠的護城河，能夠持續維持獲利，在股價偏低的時候買進，然後長期抱牢即可。

• 集中投資並持續優化組合

在投資過程中投資人總不免被迫在降低風險與提高報酬之間擇一，就像魚與熊掌不可兼得一樣。比較在意降低風險的人，可能傾向分散持股，而比較追求報酬的人，則可能選擇集中投資。難道真的只能選擇其一，不能兼顧嗎？這是我當時對自己的提問。

大家常說「不要把雞蛋放在同一個籃子裡」，巴菲特卻說：「把雞蛋放在一個籃子裡，然後看好這個籃子。」我在思考之後，我認同巴菲特的看法，但稍作改變。我認為「籃子數量不重要，『堅不堅固』才是重點。」與其把雞蛋分散放在一堆破籃子裡面，不如精挑細選幾個堅固的籃子，然後安心地把手中雞蛋全部放在裡面。因此，我的策略就是「集中投資，並持續優化投資組合。」

分散持股確實可以一定程度地降低風險，但這樣做也不可避免地會降低報酬。如果分散持股是你降低風險的唯一辦法，那麼必須大量分散，於是對於手中持股的無知程度都很高，每一筆投資所承擔的風險其實都相當大。

只不過因為足夠分散，以機率來說，總是會同時選到表現較好與表現較差的股票，最後整體承擔的風險，自然要比集中投資要小，這就是一般人選擇分散持股的主要原因。以這種方式降低風險其實非常消極，而且幾乎不必動腦，即使隨機選擇 50 檔股票投資，風險應該也不會太高。但與其這樣做，還不如選擇完全被動的指數型基金，例如元大台灣 50（0050）。

至於集中投資，這樣做確實可以提升報酬，但前提是必須選對標的，如果選錯標的，集中持股只會降低而不是提升報酬。另一方面，如果能夠選對標的，那風險又怎麼會高呢？所以風險根本不是來自集中持股，而是來自集中在錯誤的標的。因此，無論是想要降低風險還是提高報酬，都可以藉由謹慎選股達到目的。分散持股者想要提升報酬，集中持股者想要降低風險，沒想到藥方居然是一樣的，這又是異病同治的絕佳實例！

想清楚這些道理之後，我選擇的做法是集中投資在五檔個股左右，每一家公司我都花費極大心力深入研究，我希望每一家入選的公司本身都具備足夠深的護城河，能夠抵禦各式各樣商場的競爭。也就是說，我追求的是每一檔投資的個股，本身風險都足夠低，未來都有比較高的機率維持穩定獲利。同時，我不但要求個股的風險夠低，我還進一步追求降低整體投資組合的風險，希望投資組合裡面的公司，它們無論在產業、銷售區域、生產地、匯率等等方面，都能夠形成互補的關係。

舉例來說，下表列出的兩組投資組合，左邊集中在紡織產業鏈上面，沒

有達到任何分散單一產業風險的目的，即使每一家公司都是所處產業的佼佼者，一旦整個產業不景氣，整個投資組合都會連帶受創。作為對照組，右邊則是產業分散的範例，可以降低單一產業景氣低迷之風險。

產業集中	範例	產業分散	範例
化纖業	新纖	漁網業	金洲
紡紗業	銘旺實	電源供應器	新巨
織布業	利勤	百貨業	大洋-KY
成衣業	聚陽	網通業	居易
染整業	大統染	汽車零組件	耿鼎

表 6-4 產業集中與產業分散的投資組合

資料來源：作者整理

並非持股分散在不同產業就是產業分散，還要考慮上下游也應該分散。以下兩個投資組合，乍看之下似乎產業都是分散的，但其實左邊的組合上游都和石油業相關，成本受到油價的影響都很大，因此整個組合可能因為油價上漲，而同時面臨成本提升的風險。右邊的組合下游都受到房地產景氣榮枯影響需求，如果房地產景氣低迷，整個組合可能都會同步受影響。

上游產業集中	範例	下游產業集中	範例
紡織業	儒鴻	衛浴設備業	凱撒衛
航空業	華航	門鎖業	福興
塑膠業	華夏	廚房設備業	櫻花
石化業	台塑化	營建業	遠雄

表 6-5 表面分散其實是產業集中的投資組合

資料來源：作者整理

除了產業分散之外，投資組合還應該考慮銷售市場也要分散，才能夠降低單一市場的影響性，避免因為某一個國家或區域景氣不佳，或者其他政經因素，影響到整個投資組合。更進一步，如果可能的話，除了整個投資組合銷售市場要分散之外，最好投資的每一檔個股，本身銷售區域就足夠分散，這樣風險就更低了。以下兩個投資組合分別代表市場集中與分散的範例，左邊的組合主要市場都集中在中國，右邊則明顯分散許多，受到單一市場影響的程度明顯較低。

市場集中	範例	市場分散	範例
中國市場	永大 永裕 亞泥 建大 勤誠	歐美、東協、台灣 中國、美國、台灣 中國市場 歐洲市場 美國市場	金洲 新巨 大洋 -KY 居易 耿鼎

表 6-6 市場集中與市場分散的投資組合

資料來源：作者整理

投資組合建立之後，並不是就放著不管，而是會持續找尋更合適的標的，以優化投資組合。更合適的標的，不見得是預期報酬較高，而是要多方面考量，儘可能在各個層面彼此互補，讓整個投資組合達到更高的抗震能力，同時又能夠穩定成長。

以我的例子來說，雖然追求降低交易頻率，但是近兩年我還是做了不少變動，下頁表 7-1 可以看到我的投資組合在 2016 ～ 2018 年這兩年內改變蠻多的，這些改變未來是否會帶來更高的報酬目前不知道，但每一檔個股轉換的原因我都可以清楚交代，我認為這些轉換都在不同方面優化了投資組合。

燈火 2016 投資組合	燈火 2018 投資組合	轉換原因
金洲	金洲	無
居易	居易	無
永裕	大洋 -KY	同市場擇優
全漢、勤誠	新巨	同產業擇優
凱撒衛	耿鼎	不同產業＆市場擇優場

圖 7-1　2016 ～ 2018 年轉換投資組合的過程

　　首先，永裕和大洋-KY主要市場都是中國，前者是製造業後者是百貨業，我認為目前中國的環境對製造業不利，對百貨業有利，在考量兩家公司目前的價格，以及未來的潛在報酬之後，我決定將永裕轉換成大洋 -KY，所以轉換理由可以說是相同市場擇優。

　　全漢和新巨都是電源供應器廠商，勤誠和新巨都是伺服器相關，所以我將他們都歸類為新巨的同產業公司。全漢由於主要生產標準化低毛利電源，價格競爭激烈，人工成本又大幅提升，因此我認為專攻高端、高毛利電源的新巨是更好的選擇。勤誠主要生產伺服器機殼，新巨則是專攻伺服器電源，前者策略要擴大營收，客戶也比較集中，後者比較重視毛利，客戶非常分散，我比較欣賞新巨的策略。再考量產品的技術難度，我認為機殼是比較容易被複製的，因此兩家公司我選擇新巨，這裡的轉換理由可以說是相同產業擇優。

　　凱撒衛是衛浴設備商，主要市場在台灣和越南兩地，耿鼎是汽車零組件廠商，主要銷售市場在美國、歐洲和中國，其實凱撒衛是一家優質企業，但對於我的組合來說，在綜合各方面考量之後，我認為耿鼎是更合適的標的，這個轉換的理由則屬於不同產業與市場擇優。

我時常覺得建構投資組合的過程,就好像在玩立體積木,每一檔個股都是一塊形狀獨特的積木,我希望能夠用最少的積木,拼出最接近完美球形的形狀。隨著投資組合愈來愈完善,拼出來的形狀愈來愈完美,接下來要再找到更合適的標的也就會愈來愈困難,因此我的交易頻率會愈來愈低,最終就是希望達到幾乎永遠不用交易的目標。**如果一定要用量化的方式說明我心目中最理想的投資組合,那就是所承擔的每單位風險帶來的報酬最高,也就是最高的報酬／風險比。**馮小剛電影《大腕》裡面有段台詞:

什麼叫成功人士你知道嗎?

成功人士就是買什麼東西,

都買最貴的,不買最好的!

所以,我們做房地產的口號就是,

不求最好但求最貴!

我們價值投資人的口號就是:「風險最低,報酬最高!」

• 投資的極簡主義

既然決定了深入研究集中投資的策略,那麼對個股分析的準確度就是獲利關鍵,如何最有效率地做出最正確的分析就成了首要任務。現在假想自己在做科學上的訊號分析,就像天文學家長時間觀測遙遠的星系,蒐集了大量的資料,但裡面也包含大量雜訊,這時候分析人員絕對不能拿著所有數據,就開始埋頭研究,一定要先設法過濾掉無意義的雜訊,然後才能在真正有意義的資料裡面,提煉出有用的結果。

證券分析也是一樣的道理，我們每天都會接收大量的資訊，如果來者不拒，一股腦地全部丟進分析儀器裡面，那得到的結果就是垃圾，也就是所謂的「Garbage in, garbage out.」所以「如何排除投資雜訊？」這是一個非常重要的問題，而對此我的哲學是「簡約就是美──投資的極簡主義」，我的策略則是「只關注公司競爭力，其餘一概不予理會。」

這樣的哲學和策略，對我來說，真的就像手裡拿著倚天劍和屠龍刀，把所有枝微末節毫無用處的雜訊全部砍掉，然後將所有精力全數投入真正重要的問題，這真的是大大地節省了我的時間和研究效率。要知道，價值投資者的競爭力，很大程度建立在有效率的分析能力，如何能夠在茫茫股海裡面，快速地找到具有安全邊際的投資標的，這可以說是成功的價值投資人的know-how 了。

所以說，「投資的極簡主義」可能是以上我提到所有的投資哲學當中最重要的一個，因為這才是真正形成競爭力的重要因素。對我來說，**價值投資最大的好處，就是把時間投資在提升自己，<u>而不是整天研究股價走勢，時間一旦拉長，對於自身能力的提升，就會顯現出驚人的效果。當然，獲利也會很可觀。</u>**

那麼，有哪些資訊被我列為毫無用處的雜訊呢？

● 無用雜訊 ── 技術分析

首先，我認為最大的雜訊，浪費投資人大量時間的就是技術分析。實在太多人企圖透過技術線型判斷進出時機，希望藉此獲利，這對我來說實在是

完全不合邏輯，就像是想要從糞便裡面提煉出黃金一樣荒謬。

　　股票是一家公司的部分所有權，股票價格基本上反映公司的獲利能力（大部分是如此，少數例外不在討論範圍內。）怎麼可能完全抽離公司業務，在對公司一無所知的情況下，僅僅透過一些技術線圖，就能夠持續在股市獲利。我記得小時候，台灣曾經出現一股六合彩賭博熱潮，當時我聽過許多彩迷用盡各種怪誕的方法，企圖求得明牌。例如，抓來一堆蚊子放進紙袋餓得半死，然後帶到野外，打開紙袋的同時對著蚊群小便（這需要莫大的勇氣），最後看看地上出現什麼數字，然後把這個辛苦得來的明牌拿去簽注。如果真的中獎，人們就會深信不疑，完全不覺得有什麼不合理之處，可能還會引來更多彩迷效法。

　　六合彩會開什麼獎，絕對無法從小便攻擊蚊蟲產生的線型預知；同樣的，一家公司的獲利能力，也絕對不會因為某條線和另外一條線以某種形式交叉而提升，也不會因為另一種形式的交叉而下滑，股價當然也不會因此上漲或下跌。但如果某次出現某種線型，接下來股價也真的上漲，那麼技術分析者就會更加確信這個方法奏效而深信不疑，也會有愈來愈多人開始學習分析技術線型。如果下次又出現同樣線型，股價卻不漲反跌，他們大概會檢討自己，認為是自己對於圖形的理解錯誤，而不會懷疑整個技術分析，是否根本不合邏輯。總之，無論有多少人深信不疑，我是毫不猶豫地揮舞手中的倚天劍和屠龍刀，直接把技術分析這個雜訊砍了，我從開始投資以來，不曾花過任何一秒鐘在技術分析上面。

　　下面這段文字是我在粉絲專頁寫過的短文，可以簡單說明價值投資者和技術分析投資人的差別。

一位技術派投資人 A，和一位價值投資人 B，同時買進一檔個股，一個月後股價上漲 20％。

A：爆量不漲，股價即將反轉，先行賣出。

B：安全邊際仍然足夠，繼續持有。

又一個月後股價再漲 20％。

A：動能趨勢持續，買進。

B：安全邊際仍然足夠，繼續持有。

又一個月後股價再漲 20％。

A：xx 線走勢詭異，先行賣出。

B：安全邊際仍然足夠，繼續持有。

1 年後，股價翻倍。

A：xx 線呈黃金交叉，買進。

B：股價高估，賣出。

一個月後，股價下跌 20％。

以上故事純屬虛構

如有雷同純屬巧合

資訊模糊的籌碼面

很多投資人勤於追蹤三大法人的買賣標的，以及大股東的持股變化來判斷股價走勢，不可否認，短期來說，股價確實可能和這些因素相關，但長期

來說這些因素都不是重點，都不影響公司的競爭力。**一家公司不會因為外資買進競爭力就瞬間提升，也不會因為法人賣出就喪失競爭力，所以在我的投資極簡主義哲學下，法人買進或是賣出都不是我關注的重點。**

但這些資訊也不能說完全是雜訊，它可能反應這些法人或大股東對於公司前景的看法，但也僅只於此而已，更何況他們的看法也未必正確，與其直接接受他們的看法，不如捲起袖子親自研究一番，然後根據自己的分析做出投資決策，這才是負責任的方法。另外，我們甚至不清楚他們買進或賣出的理由，也許外資只是因為其他國家有更好的投資機會，也許大股東只是因為要買房需要現金而賣股，在這種什麼都搞不清楚的情況下，這樣的資訊其實也和雜訊相去不遠了，於是我又一個手起刀落，把籌碼面也當雜訊砍了，我不曾花過任何一秒鐘在研究籌碼面上。

但必須說明的是，這裡說的大股東是指持股很多的外部股東，如果是公司董監等內部人士，他們的持股我是非常在意的。因為他們是公司的經營者，對於公司狀況最清楚，如果這些人大量賣股，那肯定是警訊。反過來說，如果這些人增加持股，那可能反映他們看好公司前景，是可能非常正面的資訊。

然而，對我來說，我既不希望看到內部人士因為看壞公司前景而賣股，也不希望他們因為看好而大量買進，這樣都有占外部股東便宜的嫌疑，而且讓人感覺不是專注在經營，而是想利用公司股價漲跌賺取利益。雖然這是人之常情，在不違法的前提下無可厚非，但我寧願董監持股長期既高又穩定，這反映經營者專注經營，而且利益和外部股東比較一致，投資這樣的經營者才能讓我比較放心。

舉例來說，我在部落格曾經發表一篇文章：〈新巨（2420）—從董監持

股看經營誠信〉，內容如下：

　　每當我決定投資一家公司之前，第一件事情必然是設法調查經營階層是否有誠信。這不是一件容易的事，畢竟誠信這種東西看不見摸不著，很難量化。但即便如此，還是有些資訊有助於我們判斷經營者的誠信，我認為最簡單也最有用的資訊，就是分析董監持股情形。

　　從圖 6-1 可以看到新巨（2420）過去 16 年來的董監持股非常穩定，除了 2004 到 2008 這幾年比較低之外，幾乎都維持在 25％以上。

圖 6-1 新巨（2420）歷年董監持股比率與月均價走勢（2001 ～ 2016）

資料來源：財報狗

　　查詢公司 93 年到 97 年這幾年的年報可以發現，董監持股比例降低是因為財產信託，實際上並沒有出脫持股。這裡以 93 年為例，下面兩張表（圖 6-2、6-3）都取自該年年報。

2. 股權移轉資訊：

姓　名	股權移轉原因	交易日期	交易相對人	交易相對人與公司、董事、監察人及持股比例超過百分之十股東之關係	千　股	交易價格
周進文	財產信託	93.08	華南銀行	信託	-3,500	信託
蔡金山	財產信託	93.08	華南銀行	信託	-3,000	信託
高銘傳	財產信託	93.08	華南銀行	信託	-4,000	信託
鍾衍彥	財產信託	93.08	華南銀行	信託	-3,500	信託
華南銀行	信託孳息	93.10	周展興	信託	-294	信託孳息
華南銀行	信託孳息	93.10	蔡函屹	信託	-118	信託孳息
華南銀行	信託孳息	93.10	蔡依庭	信託	-88	信託孳息
華南銀行	信託孳息	93.10	蔡于旋	信託	-88	信託孳息
華南銀行	信託孳息	93.10	高毓鎂	信託	-135	信託孳息
華南銀行	信託孳息	93.10	高榕鎂	信託	-67	信託孳息
華南銀行	信託孳息	93.10	高齊鎂	信託	-67	信託孳息
華南銀行	信託孳息	93.10	高聖程	信託	-67	信託孳息
華南銀行	信託孳息	93.10	鍾孟庭	信託	-294	信託孳息

圖 6-2　新巨（2420）2014 年董監持股比率

資料來源：公司各年年報

　　再從圖 6-3 可以看到華南銀行信託專戶持有 22000 張新巨股票，持股比例 19.48%，也就是說那幾年董監持股比例實際上是超過 30% 的。至此我們可以確認過去 16 年來，新巨董監持股一直非常高且穩定。

(四)主要股東名單

94 年 04 月 30 日

主要 股東名稱 ＼ 股份	持 有 股 數	持 股 比 例
華南商業銀行受託信託財產專戶	22,000,000	19.48%
鍾衍彥	5,463,647	4.84%
高銘傳	5,138,777	4.55%
蔡金山	4,745,983	4.20%
周進文	4,634,767	4.10%
王秀裡	1,358,126	1.20%
吳小春	1,300,800	1.15%
孫安俐	1,103,333	0.98%
蔡堯日	1,065,893	0.94%
江美麗	1,034,105	0.92%
合 計	47,845,431	42.36%

圖 6-3 新巨（2420）2014 年主要股東名單

資料來源：公司各年年報

　　過去新巨股價低點在 10 元以下，高點 60 元左右，董監是最清楚公司狀況的人，可以忍受股價這麼大幅的震盪，卻不會想低買高賣，這不是一件容易的事。這代表經營者不求短期致富，腳踏實地做事，展現永續經營的決心。這些創業者，除了創業的熱情之外，最現實的就是想致富。股票上市之後，每天的股價變化，對這些董事是非常大的誘惑，只要低買高賣一次，很可能就超過了全年的薪資報酬，所以能夠忍住誘惑，這真的是非常不容易的事。董監能夠長期高持股，不隨股價波動而動搖，這對外部投資人是一股相當大的安定力量。

　　除了董監持股比例之外，另一個重要觀察指標是董監持股質押比例。新巨的董監持股質押比例，自 2004 年以來就一直保持在 20％～30％左右。新巨內部一共有四大股東，分別是董事長周進文、董事

蔡金山、董事高銘傳以及監察人鍾衍彥，這四大股東加計配偶共持有
35.52％股份，再加計子女則比例就更高了。而根據公開資訊觀測站資
料，最新資料是 2016 年 11 月，這四大股東都有質押，周進文和鍾衍彥
都質押 49.8％最多。

2420新巨企業股份有限公司

本資料由　(上市公司)新巨　公司提供

內部人若具二種以上身份，每種身份別會揭露同樣股數，勿重複累計

資料年月:10511

職稱	姓名	選任時持股	目前持股	設質股數	設質股數佔持股比例	內部人關係人目前持股合計	設質股數	設質比例
董事長本人	周進文	9,918,432	9,918,432	4,938,000	49.78%	3,527,943	0	0.00%
董事本人	蔡金山	9,575,752	9,575,752	2,500,000	26.10%	3,932,074	0	0.00%
董事本人	高銘傳	11,125,423	11,125,423	1,500,000	13.48%	3,296,946	0	0.00%
董事本人	施純□	740,079	740,079	0	0.00%	686,166	0	0.00%
董事本人	林憲章	15,044	15,044	0	0.00%	0	0	0.00%
獨立董事本人	周再發	15,000	15,000	0	0.00%	0	0	0.00%
獨立董事本人	陳廣洪	0	0	0	0.00%	0	0	0.00%
監察人本人	鍾衍彥	10,360,267	10,360,267	5,159,000	49.79%	2,468,067	0	0.00%
監察人本人	蘇治融	4,322	4,322	0	0.00%	0	0	0.00%
監察人本人	吳友全	11,025	11,025	0	0.00%	12,127	0	0.00%

圖 6-4 新巨（2420）2016 年董監事持股與質押比例

資料來源：公開資訊觀測站

　　一般來說，這麼高的質押比例是令人不安的，可能顯示大股東有資
金問題，但在新巨的例子裡面，我看不出有這個問題，因為公司營運良
好，現金流充沛，且四大股東都是長年質押股票，感覺比較像是個人理
財行為。四大股東連同配偶合計35％以上的持股，且長期都沒有減少，
甚至還增持，實在很難想像他們會做出傷害公司的事情。　經營者過往

紀錄良好，低調務實，公司持續成長，競爭力持續提升，大股東實在沒有理由亂搞。且就算大股東有意亂搞，那也要四大股東聯合，再加上前十大股東還包含壽險和基金法人的監督，我認為難度非常高。

綜上，我認為：

1. 以常理判斷，經營績效這麼好，獲利大幅成長的公司，經營者不太可能只想質押股票套現。

2. 四大股東持股比例高且穩定，沒理由亂搞公司。縱使有心亂搞，也不太可能被一兩個人把持董事會，加上有壽險基金法人大股東監督，想要亂搞就更不容易了。

3. 四大股東過往一直都有質押股票，並不是最近才質押，應該是個人理財行為。

4. 經營階層過往紀錄良好。

我認為大股東不存在亂搞的動機和空間，這是我判斷新巨夠安全的原因之一。

舉出上面這個例子，不是要替公司背書，只是為了說明我非常重視董監持股，而且不是只看表面上的持股數字，為了判斷經營者的誠信和心態，我甚至一路往前追蹤到 2001 年的資料。所謂「路遙知馬力，日久見人心。」要判斷一個人是否具有誠信，就必須長期觀察，幸好現在是網路時代，凡走過必留下痕跡，我們只需要坐在電腦前面，就可以調查董監過去一、二十年的持股變化，真是太棒了！

不可靠的消息面

　　還有許多投資人喜歡到處打探消息，以消息面作為投資的依據，我認為這更是荒謬。除非你有親戚是某上市公司高層主管，否則在市場打聽而來的小道消息如何可靠？尤其散戶總是喜歡說股市是吃人的地方，大戶總是坑殺散戶，還有各種養套殺的手段，那怎麼還敢隨意相信市場傳言呢？那些傳言也許是有人刻意放出來的假消息，目的就是要坑殺眾多小散戶，照理來說，避之唯恐不及，怎麼會自己傻傻地到處打探極不可靠的消息，並且以此作為投資決策？即使消息是真實的，你又如何確定，而且如果消息很容易打聽到，那麼這樣的消息也就沒什麼太大的價值了。

　　葛拉漢曾經說過許多有趣的故事，其中下面這則故事是我的最愛：

　　一位石油開發商蒙主寵召到了天堂，他遇到了聖彼得，但卻有個壞消息。聖彼得說：「你有在天堂居住的資格，但是，就像你看到的，保留給石油商的住宅已經滿了。沒有地方可以再塞你進去。」

　　開發商想了一下，跟聖彼得說只要讓他跟現有住戶講一句話就好。聖彼得覺得沒什麼大礙就答應了，因此開發商把雙手攏在嘴邊，大喊：「在地獄裡發現石油了。」隨即住宅的大門打開了，所有的石油商往陰間前進。聖彼得驚訝之餘，他邀請那位開發商住在天堂，就當在自己家一樣。但那開發商頓了一下，然後說：「不，我想我還是跟其他的人一起去好了。畢竟謠言有可能是真的。」

　　市場上真真假假的傳言紛擾，與其攪和在其中，不如抽出身來，多多研究公開資訊吧。所以說，消息面，砍了！又省下許多時間，耳根也清靜多了。

無法預測的總體經濟

「總體經濟也是雜訊？有沒有搞錯？」我相信這可能是很多人心中的OS。總體經濟當然會影響公司獲利，但問題是我們能預測總體經濟嗎？沒有人可以！如果回頭檢視專家學者的預言，會發現準確度真的是低的可憐，連諾貝爾經濟學得主都無法預測的總體經濟，我們又怎麼可能有能力預測。既然無法預測，那總體經濟的數據或資訊對於投資又有多大用途呢？

因此我的投資決策，完全不依賴任何總體經濟的數據，而是反過來思考，我並不把心思放在預測景氣上面，心思都放在研究公司的護城河。一家有足夠護城河的公司，頂多會因為景氣榮枯而出現獲利波動，但不可能長期獲利低迷。如果我們能夠判斷一家公司具備足夠強的競爭力，那麼景氣低迷時，正是加碼的好時機。所以，總體經濟雖然會影響公司獲利，但對於我的投資策略來說，仍舊是個雜訊。

其他關於國際政經、原物料價格、匯率等資訊，也都是同樣的思考模式。我們不應該把這些資訊全部丟進大腦分析儀器裡面，判斷目前的情況對於某家公司是否屬於利多，然後藉此做出投資決策，沒有人能夠如此全面地分析這些資訊。應該要反過來，分析公司本身的競爭力。判斷公司是否有足夠能力，無論外在環境如何變化，它都有辦法維持穩定獲利，這樣會相對容易許多。

例如，台灣的產業主要以外銷為主，所以台幣升值通常對台灣廠商不利，多少都會承受匯兌損失，但是有競爭力的公司受到的損失可能也僅止於此，它的營收和毛利可能仍然持續提升或維持，大立光（3008）在 2017 年台幣大幅升值的情況下，毛利率非但沒有下滑，反而繼續提升到超過 69% 的驚人水準，同時營收也較 2016 年成長，全年 EPS 創下新高，達到 193 元以上。

　　反之，競爭力比較不足的公司，不但無法像大立光那樣逆勢成長，甚至可能因為缺乏匯率優勢，造成產品價格失去競爭力，結果導致客戶轉單，或者公司為了留住客戶，只好自己砍價，同樣會造成營收和毛利的下滑，例如東台（4526）近兩年營收成長停滯，毛利率又大幅下滑，導致獲利大幅衰退，2017年更陷入虧損，這樣的情況就很讓人懷疑公司的競爭力。

　　因此，我的做法不是判斷外在事件對公司屬於利多還是利空，而是判斷公司有多少能力應付這些利空事件，每當發生利空事件，許多投資人可能會擔心公司獲利因此下滑，其實重點不在於短期獲利是否下滑，而是可以好好藉此機會，檢視公司的競爭力。當然，更好的做法是，從過去數字研究公司應對各種利空事件的能力，這應該會是判斷公司競爭力的好方法。

　　每當股市持續下跌的時候，配合各種技術面、總經面、基本面的利空，很多人認為應該提高現金比重，甚至先暫時撤出股市。我認為這些建議都十分合情合理，值得大部分投資人參考，但這不會是我的策略。因為我非常慵懶，而且頭腦十分簡單，實在無法同時考量太多面向，消化太多資訊。根據既定的投資策略，我只關注公司的內在價值，其他一概不予理會。所以無論現在有多少訊號，顯示股市大幅修正可能即將出現，只要無法確定，我就不會多費腦力去思考。所以只要手上持股價值沒有高估，我就不會有任何動作。但必須澄清一點，**這樣的策略並不等同於市面上常見的「存股」投資方法，也不是單純的「買進並持有」的策略。極簡主義不是完全不思考，也不是完全不作為，只是試圖把先天不足的腦容量，儘可能地專注在最重要的事情上。**

　　這樣的想法是不是很簡約呢？簡約就是美，這就是我的哲學。投資已經很不容易了，千萬不要自己把它搞得更複雜！

第 7 章

內在評價

　　找到飆股，然後抱緊處理，這是許多投資人的夢想，然而實際上真正做到的人非常少。就如同最近網路上流傳一段話：「加班費就像鬼，聽過的人很多，領過的人卻很少。」大家都聽過抓到飆股大賺好幾倍這樣的故事，就是沒有真的在周遭看到過。問題是，大家有沒有想過，股海茫茫，投資人憑什麼抓到飆股？即使真的抓到飆股，又憑什麼能夠抱牢？我對於這兩個問題的答案都是：「內在評價」。

● 一句話激怒燈火

　　2018 年 4 月 5 日，我在個人粉絲專頁玩笑式地發布一則貼文：

　　猜謎時間，一句話激怒燈火，是哪一句話？

　　A. 投資都是靠內線啦；

　　B. 為什麼股價一直跌；

　　C. 你看看這個線型；

　　D. 股價總是提前反應；

　　E. 這支股票外資最近一直買。

　　當天稍晚，我又在粉絲頁上公布答案：

　　一句話激怒燈火，答案揭曉：

D. 股價總是提前反應：

　　這句話最容易激怒燈火，是因為總是充滿著後見之明，陰謀論，以及滿滿負能量。很多人只要股價有一點變化，就開始疑神疑鬼。所謂股價總是提前反應，都是事後來看似乎如此，但你永遠無法證明是真的提前反應，還是只是巧合，更何況還有數不清的反例。或許某些情況確實提前反應，其他時候並沒有，如果無法分辨，那就沒有任何意義。

C. 你看看這線型：

　　我聽說以前六合彩流行的時候，有人會對著大群蚊子小便，藉由觀察線型來判斷會開出什麼號碼。當有人告訴我 xx 股票準備上漲，只因為出現什麼線型，總是會讓我怒火中燒。

E. 這支股票外資最近一直買：

　　我只想說：干我屁事

A. 投資都是靠內線啦：

　　這一定是虧怕了，而且一直不知道為何自己總是虧損。

B. 為什麼股價一直跌：

　　翻白眼

　　大部分的人，投資績效之所以不理想，最主要的原因，就是自己心中沒有定見。於是任何一點風吹草動，都足以讓他信心動搖，甚至心生畏懼。當手中持股股價下跌，就開始疑神疑鬼：是不是有內線消息的大戶法人先行下車了？股價總是提前反應，是不是公司業績即將衰退？技術線型出現賣出訊號，是不是應該先出場觀望？

　　總之，無論當初買進理由多麼充分（如果買進理由站不住腳，那也沒什麼好討論了），如何充滿信心，股價稍一下跌，理性就被恐懼掩蓋，然後就會出現一些難以理解的非理性行為。例如先行賣出，之後股價上漲又再買回，也就是散戶絕招「追高殺低」。賣出的理由通常是股價下跌，買進的理由通常是股價上漲，投資變得毫無章法，完全被市場情緒所主宰，長期下來，績效當然慘不忍睹。

　　投資虧損已經很痛苦了，如果心理還因為各種悔恨而造成創傷，那日子還怎麼過？所以為了讓自己不那麼痛苦，人性的自我防衛機制，在潛意識底下就會扭曲現實，更加認定投資失敗不是自己的問題，而是因為股票市場就是充滿內線，沒有內線就只能任人宰割。這樣的觀念於是一傳十、十傳百，現在隨便問個路人，很容易會得到投資必須靠內線，或者買股票就是賭博這樣的觀念。股市裡面有沒有內線問題？當然有！散戶投資失敗是不是因為沒有內線？當然不是！股市存不存在內線，和自己投資賺不賺錢，完全是兩回事，千萬不要邏輯不清。

　　我最不喜歡聽到的一句話，就是「股價總是提前反應」。所有股價提前反應的證據都是事後回顧，捕風捉影之下好像有這麼一回事，然而真正股價反應的當下，根本不可能知道之後股價會怎麼走。想要靠過去的股價和成交量等數據，預測未來的股價，這對我來說完全不合邏輯。即使有些時候似乎預測正確，但如果沒有穩定性，無法據此資訊大膽下注，那又如何獲取滿意報酬？如果是分散下注，那麼如何確保預測正確所賺取的報酬，必定能夠超過預測錯誤而造成的虧損呢？明明真正驅動股價漲跌的根本因素就是公司獲利能力，為何人們總是捨本逐末，寧可根據技術線圖來做投資決策，而不願意好好花時間了解公司業務，分析公司競爭力以及產業趨勢，然後根據這些分析做決策，這樣不是穩當得多嗎？

● 專注在公司，而不是股價

巴菲特說：「比賽會贏的球員只專注在球場上，不是計分板上的分數。」投資人總是容易被股票市場每天的報價所迷惑，如果市場是 1 年報價 1 次，我相信大部分人的績效可能都會變得更好。因為沒有市場時刻報價的干擾，投資人唯一的投資依據，就是公司業務的基本面。由於 1 年只能交易 1 次，投資人會被迫以比較長期的眼光看待所投資的公司，而這些改變對於投資績效絕對大有幫助。雖然現在的情況不是 1 年報價 1 次，但我們還是可以當作 1 年只報價 1 次，平時股市沒有報價，就好好的把省下來的時間精力，關注公司業務基本面，只要投資的公司業務成功，我們的投資自然就會成功。

很多人會有個迷思，認為一家公司有多少價值，完全是由市場決定，所以即使某家公司業務基本面再好，只要市場不喜歡他，股價仍然不會上漲，所以依舊沒有太大的投資價值，因此大家都喜歡追逐高人氣的個股。然而這樣的想法邏輯根本錯誤，首先，**當一家公司獲利持續提升，即使短時間沒有獲得市場關注，股價沒有明顯反應，但最後終究還是會反應。過去從來不曾出現例外，未來也不可能有例外，因為市場就是由一群追逐利潤的投資人組成，不可能會永遠忽視一個獲利持續提升的優質企業。**

其次，即使市場持續冷落這家公司，投資人依舊能夠透過年年提升的股利獲得可觀的報酬。事實上，如果我是這家公司的股東，我會希望股價永遠不要上漲，如此一來，我就可以用非常低的成本，買進獲利持續提升的優質公司。這就好比一隻雞，不但會下金蛋，每年下的蛋還愈來愈大顆，如果你擁有這隻雞，你還會在意市場是否冷落這隻雞嗎？

例如博大（8109）這家公司，這是我人生中買進的第一檔股票，2012 年

以 33 元左右買進，到現在都沒有賣出。這家公司就是一檔冷門股，日成交量相當低迷，通常都在百張以下，但它的獲利表現一直相當不錯，2013 年以來每年 EPS 都超過 4 元。

自從投資以來每年現金股利都在 4 元以上，6 年來我領了 6 次股利，總共 22.8 元現金股利，以及 1 元的股票股利。若以我買進的成本計算，每年光是現金股息殖利率就已經超過 10％，即使股價完全沒有上漲，這個投資報酬依然令人滿意，更不用說股價也漲了超過 1 倍以上。像這種股利和股價都穩健成長的公司，絕對是最棒的投資，投資人如果因為成交量低迷而避開它，那就等於避開下金蛋的雞。另外，如果買進之後沒有抱牢，沒有給予足夠的時間，再厲害的雞也是下不出金蛋的。

圖 7-1 博大（8109）歷年股利（2012 ～ 2017）

資料來源：財報狗

　　這就回到了我們開頭提到的兩個問題，投資人憑什麼抓到飆股？即使真的抓到飆股，又憑什麼能夠抱牢？關鍵就在於對公司的分析深不深入、正不正確。**如果對於公司的分析正確，那麼你理應了解公司大概的價值，這時候如果它的價格大幅低於價值，那麼它就是一個飆股，只是還沒發飆罷了。如果你對於自己的分析有信心，大可不必在意市場的看法，只要價格仍舊低於價值，持續抱牢就對了。於是原本兩個看似困難的問題，其實非常簡單。想要抓到飆股，就要先學會對企業估值，想要抱住飆股，就要對估值有信心。**

　　但是必須注意一點，這裡估值的人就是自己，所以可以說是自己對公司的主觀判斷，我稱之為投資人對公司的內在評價，內在是相對於外在市場給予的評價而言。對投資的公司要有自己的內在評價，並且根據內在評價對公司進行估值，然後根據估值判斷公司股價是否偏低，有多少安全邊際，這就是一位價值投資人需要做的所有工作。我們就像珠寶鑑定師，如果手上有一顆寶石，其他人怎麼看一點都不重要，重要的是你自己能不能分辨那是一顆寶石。一顆寶石不會因為其他人說它只是一般石頭真的變成石頭，如果你有辦法分辨石頭和寶石，那麼你要做的不是在意其他人的看法，而是找到識貨的人，並且在那之前，好好保存這顆寶石。

　　如果某人投資某家公司 3 年後，還無法判斷公司是不是變得更好了，反而需要根據外在股價來判斷，那這個投資人注定不會有太好的績效。一家認真經營的公司，必定會持續努力提升獲利能力，但是這些努力不一定會立刻顯現在財報數字上，一個長期追蹤，並深入分析每一個數字的投資人，理應比大部分投資人清楚公司狀況。這時候不依據自己的分析來判斷公司好壞，反而依據股價來判斷，這如果不是分析做得不足，無法藉以正確評價一家公司，那就是信念不足，容易被市場報價影響。無論是何者，其實結果都一樣，終究難以滿意的績效。

舉例來說，如果某家公司長期耕耘某一領域，取得相當好的競爭力，然而因為某些因素，遲遲沒有顯現在獲利數字上，以至於遭到市場冷落，股價表現低迷。這時候真正了解實情的投資人，如果判斷公司過去的努力耕耘即將獲得豐收，肯定會抱牢股票，甚至繼續加碼買進，而不會在意市場如何評價這家公司。

智邦（2345）的股價在 2013 ～ 2015 年中，都維持在 20 元以下的低迷狀態，近 3 年獲利大幅提升，股價一度漲破 100 元大關。這是因為智邦在白牌交換器耕耘已久，現在已直接供應打進國際網路公司供應鏈，打破過去為交換器品牌代工的紅海市場，所以獲利才能三級跳。如果一位長期追蹤研究智邦的投資人，由於對公司狀況，以及對產業的研究都比較深入，自然比較有機會提早發覺白牌交換器崛起的趨勢，也了解智邦產品的競爭力，這就是他能夠抓住並抱牢智邦這支飆股的原因。

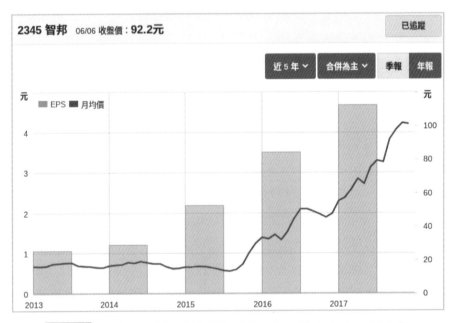

圖 7-2 智邦（2345）歷年 EPS 與月均價走勢（2013 ～ 2017）

資料來源：財報狗

金洲（4417）股價自 2016 年底以來，到現在已經低迷超過 1 年半了（截至 2018 年 7 月），這是不是代表公司變差了呢？沒有人能告訴你，股價不行，籌碼不行，甚至連公司帳面財報數字也不行。

舉例來說，毛利率對金洲來說是非常重要的數字，公司能從 2014 年不到 20 元的股價，飆漲到 2015 年 50 幾元，就是因為當時毛利率大幅提升。然而 2017 年毛利率卻下滑了，這是不是代表公司競爭力下滑了呢？答案是不知道，因為資訊不足以判斷。

許多人時常說基本面，但他們指的基本面，常常只是財報數字，這其實完全不足以反應公司基本面，財報數字只是結果，要真正清楚公司基本面，我們必須分析的是原因。以金洲為例，到底公司毛利率有沒有下滑，不是看帳面上的數字，因為 2016 和 2017 兩年原料價格是不一樣的，金洲上游是石化業，成本和原油價格有很大的正相關，而公司反應成本需要時間，帳面數字沒辦法告訴我們這些資訊，所以不足以判斷公司競爭力是否下滑。

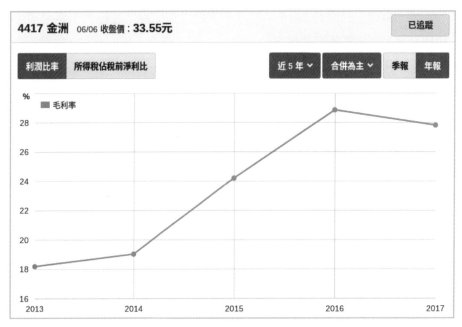

圖 7-3 金洲（4417）歷年毛利率（2013 ～ 2017）

資料來源：財報狗

　　如果我們比較近幾年尼龍價格走勢，可以很明顯看到 2017 年尼龍價格明顯大幅高於 2016 年和 2015 年，而毛利率還能達到 28％，雖然略低於 2016 年的 29％，但考量原料價格差異相當大，這樣的差異也可以算是誤差之內，基本上不算是退步。若和 2015 年相比，則是大大進步了。所以從這個角度來看，即使近來金洲股價表現低迷，實際上公司近 3 年產品的定價能力實際上是提升的，而定價能力是非常重要的競爭力，所以公司競爭力實際上也是提升的，因此我們對於它的內在評價也是提升的。

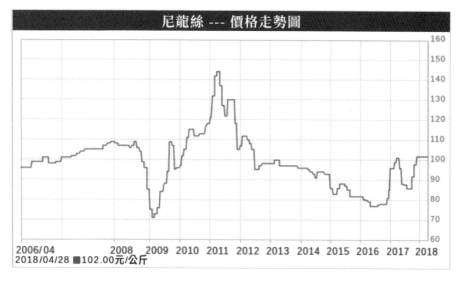

圖 7-4 尼龍絲價格走勢圖（2006 ～ 2018）

資料來源：富邦證券

　　不理會外在市場評價，只專注於根據客觀數據分析得出的內在評價做投資決策，我認為是提升投資績效的不二法門。由於這需要真正對於投資標的做深入分析，然後形成獨特見解，並且能夠不畏與市場主流看法相左，所以一方面需要合適的個性，另一方面一定要在能力圈內投資，兩者缺一不可。缺了前者，即使分析再深入，結論再正確，也很難抵擋與眾不同的壓力；缺了後者，即使你再有主見，再怎麼不畏人言，無法做出足以作為投資決策的分析依據，那麼有主見只會變成堅持己見，不畏人言只會變成自大無知，這就是投資之所以困難的原因。

• 市場評價

　　很多投資人把市場奉為神明先知，一家公司到底值多少錢，似乎是市場說了算，但市場評價真的正確嗎？如果市場評價正確，那為何會時常出現類似樂陞（3662）這樣的例子？從樂陞 2013 ～ 2016 年的 EPS 和股價走勢來看（2016 年樂陞下市），公司在 2014 到 2015 年間，股價高達 150 元以上，然而 EPS 最高也只有 3.8 元，本益比超過 40 倍！

　　然而隨後股價開始大幅下跌，先是一路跌破 100 元，然後休息一段時間之後，爆發台灣證券史上第一樁，公開收購「成功」卻付不出錢的詐騙案，於是股價一路下跌終至下市，廣大投資人手上股票瞬間變壁紙。這讓人不禁想問，市場先生短時間內評價劇烈變化，到底什麼時間的市場先生才是對的？現在股票都已經變成壁紙，當然現在是對的，那麼當時高達 150 元以上的評價不就錯得離譜嗎？市場先生對於樂陞的評價不是昨是今非，邏輯跳 tone 嗎？

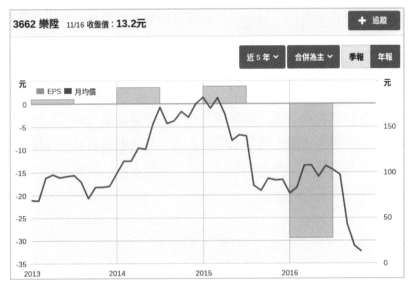

圖 7-5 樂陞（3662）歷年 EPS 與月均價走勢（2013 ～ 2016）

資料來源：財報狗

或許有人會說，拿一個詐騙的樂陞當例子並不公平。雖然我並不覺得不公平，因為即使沒有詐騙，也很難合理化那超過 40 倍的本益比，更何況既然市場是神明先知，又為何會連續多年給予如此高的評價呢？無論如何，既然有異議，那就讓我再舉一個還沒下市的例子。佰研（3205）在 2016 年股價超過 300 元，接下來股價就持續下跌，不到 1 年已經跌了三分之二，剩下100 元，而目前股價則只剩 59.6 元（截至 2018 年 7 月）。

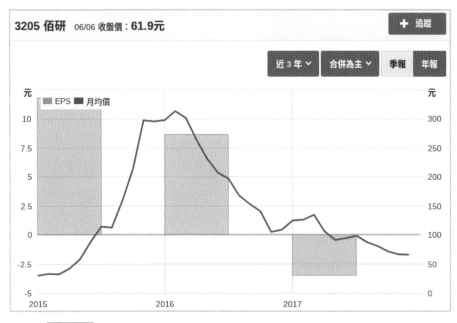

圖 **7-6** 佰研（3205）歷年 EPS 與月均價走勢（2015 ～ 2017）

資料來源：財報狗

市場先生昨是今非，邏輯跳 tone 的行為又一樁，到底佰研這家公司值多少錢？是 2016 年的 300 元，還是 2017 年的 100 元，還是目前 2018 年的 60元呢？如果理專是這樣昨是今非，邏輯跳 tone，你還會繼續相信他嗎？被騙一次是對方可惡，被騙兩次就是自己傻逼了。

不要再相信沒有根據的說法了，市場先生並不是神，他對公司的評價時常錯得離譜，一家公司到底值多少錢，有部分客觀依據，例如公司帳上資產以及過往獲利表現。有部分主觀判斷，例如公司經營能力以及未來預估的成長性。這些都需要分析大量資料，並長期追蹤調查，而且即便這些事情都做到了，也只能夠大致地判斷。然而千萬別忘了「模糊的正確遠勝於精確的錯誤」，投資就是對公司估值，不求精確，只要能達到模糊的正確，投資績效就足以達到亮眼的地步了。

說到佰研這檔股票，我大概永遠不會忘記它。其實它根本不會是我想關注的公司，但是周遭親友卻接連受害，所以讓我印象深刻。首先是某親戚聽信理專建議，把我推薦的股票賣出，在 230 元左右買進佰研，1 個月後，買進的佰研一路下跌，賣出的股票卻一路上漲，短短時間來回就損失了 1、20 萬。後來沒過多久，我又接到另一親戚的來電，對方緊張的說：「我最近買了一檔股票，叫做佰研，你聽過嗎？」我說：「聽過，趕快賣掉！」結果最後這位親戚也虧了不少。我當時真的很疑惑，怎麼會那麼巧，是不是理專當時接到的任務就是努力推佰研這檔股票呢？這我不得而知，也不甚在意，所以也沒有深究，重點還是：「不懂的別碰，市場評價不見得正確。」

上面舉的兩個例子，都有事後諸葛的嫌疑，這裡再舉一個進行中的例子，湯石照明（4972）我曾經覺得可能是一間值得長期投資的公司，於是我對他進行一些分析和調查，我先是在 2015 年 3 月寫下「湯石（4972）—研究了那麼久，為何我還是沒有投資？」這篇文章，內容如下：

前兩天和朋友聊投資的話題，朋友問我對於湯石（4972）還有什麼疑慮，為何研究了那麼久，卻始終沒有投資？以下是部分的原因：

我認為我還不清楚湯石的競爭對手實力如何，湯石的品牌目前主要

是在台灣和大陸市場，台灣我比較不擔心，但是大陸可是兵家必爭之地，全世界最強的品牌，以及大陸本土廠商，全都在這裡競爭，我目前還是會擔心湯石在大陸打品牌會耗費相當多的資源，是否能夠成功還非常難說，因為我對於它的對手了解太少。

代工還可以因為品質好價格公道等等優勢綁住客戶，品牌則有太多太多眉角，雖然我很希望投資品牌商，但這是雙面刃，居易（6216）因為自始自終就是要發展品牌，經過 20 年的努力，已經建立了一定的品牌地位，湯石則是剛剛起步，市場又是我認為風險相當大的中國大陸，產品也很難說有什麼絕對的優勢。

我認為湯石現在因為價格比國際大廠便宜許多，品質也不差，所以有一定的優勢，但前面的大廠為了搶占中國市場可能降價因應，後面的中國本土廠商，更可能採取價格戰，前有猛虎後有追兵，我擔心湯石會在一開始取得成功之後，面臨更強的挑戰，而造成營運大幅波動。

湯石最重要的競爭力應該是對於燈光和環境的掌控，我認為這不容易，但我也不認為這非常困難，大陸廠商經過一定的學習曲線之後，應該也不會太差，競爭如此激烈，即使湯石能夠吃下自己的餅持續獲利，但如何能夠持續成長，董事長喊出 10 年內營收達到百億，我實在是很難相信，不過訂下難以達成的目標然後努力達到，這是卓越公司的特徵之一，這點我並不反對。

湯石去年獲利大幅成長，照理應該讓人感到很興奮，並且對未來樂觀，像去年金洲（4417）獲利大躍進，我就非常興奮並且大幅加碼，那為什麼對湯石我就比較保守呢？這最主要還是產業的問題，我對於金洲的產業地位和競爭力有信心，並且漁網業競爭本就不激烈，新進者可說微乎其微，是一個寡占的產業，但是湯石剛好相反，湯石在其產業只是

小咖，競爭非常激烈，隨著 LED 的普及，新進者將如雨後春筍般出現，在這種情況下的獲利大幅成長，反而會吸引更多的競爭者來爭食大餅，有沒有可能因此造成市場供過於求，未來獲利不增反減呢？

或許以上都是我杞人憂天，不知道有沒有高手可以解惑？

後來又在 2016 年 2 月寫下〈湯石照明（4972）—明亮前景之下的兩朵烏雲〉這篇文章，內容如下：

湯石照明（4972）在 1 年多前進入我的雷達範圍之後，我做了一些分析，並持續追蹤。去年初差點在 32 元左右的價格納入我的長期投資組合，最後還是踩了剎車，部分原因我記錄在〈湯石（4972）—研究了那麼久，為何我還是沒有投資？〉這篇文章裡面。後來 2015Q4 財報出爐之後，不得了，EPS 1.35 元創下單季歷史新高，毛利率也大幅提升，股價立刻大漲至 43 元左右。當時市場一片看好，新聞媒體紛紛報導，連我也覺得有些可惜，怎麼沒有早點買進。然而就在大家一片看好之際，後來的發展卻不如預期，去年 7 月份月營收跌破一億關卡之後，至今都還沒能再度站回去。市場當然也毫不留情，股價一路從 43 元左右的高點，下滑至昨天收盤的 33.9 元，跌幅超過 20%。就在善變的市場先生開始看壞這家公司的時候，湯石又再度進入我的雷達範圍了。

先姑且不論我先前那篇文章提到的疑慮，單純先看湯石現在的價格，真的滿有吸引力的。本益比不到 9 倍，現金股息殖利率超過 8%，市值僅僅是 EBITDA（未計利息、稅項以及折舊攤銷前的盈餘）的 5.2 倍。若以購併企業的角度來看，這個比值一般都介於 5～10 倍，湯石的數字位於區間下緣，算是相當便宜。再看看過往營運紀錄，近 3 年 EPS 從 2013 年的 2.1 元，大幅成長到 2015 年的 3.8 元，ROE 從 8.4% 提升到 12.7%，過去 5 年平均每年帶回超過 1.2 億元的自由現金流，滿

手現金又零負債，怎麼看都覺得市場先生開的價格相當便宜。且湯石專
攻頂級商用照明市場，在故宮標案之後，自有品牌知名度逐漸打開，台
灣、中國兩地博物館、美術館等專案持續進行，前景看似十分明亮。

　　於是，我又再度把注意力放在湯石照明這家公司，對他做一些調
查分析。在做了一些簡單的分析之後，以 2015 年年報資料整理成下
表，為了對表中數字更有感覺，我放上主要生產基地同樣在中國的永裕
（1323）做比較，結果在看似明亮的前景之下我發現了兩朵烏雲。

A	B	C	D	E	F	G	H	I	J	K
公司	總薪資費用	勞健保+退休金	勞健保+退休金佔總薪資比例	年營收	營業利益	員工人數	平均薪資	人均營收	人均營利	單位薪資產生營利（元）
湯石	325,153	20,706	6.37%	1,306,683	157,362	875	371.60	1,493.35	179.84	0.48
永裕	802,822	116,574	14.52%	3,124,337	392,132	1381	581.33	2,262.37	283.95	0.49

單位：千元

表 7-1　湯石（4972）與永裕（1323）的營運比較表

資料來源：作者整理

　　首先是勞力密集的問題。湯石員工人數 875 人，以一家年營收不
過 13 億的公司來說，這樣的員工人數實在太多了，平均每位員工只能
貢獻 150 萬的營收，而永裕這個數字則是 230 萬。以營業利益來看，湯
石平均每位員工只帶來 18 萬的營業利益，而永裕則是 28 萬。若再考慮
公司付出的薪資，這裡使用的是包含勞健保和退休金等福利的總薪資費
用，湯石員工平均年薪為 37 萬，永裕則是 58 萬，可見湯石相當依賴廉
價勞工。

　　湯石平均每付出 1 塊錢薪資能夠獲得 0.48 元的營業利益，永裕則
是 0.49 元，兩者看似差不多，但因為永裕的平均年薪遠高於湯石，所
以這部分還是永裕表現比較好，畢竟給予員工較好的待遇有助於降低流

動率，也比較不容易發生勞資糾紛。從 104 年湯石員工平均服務年資只有 3.22 年，永裕則是 5.15 年，就可以證明這點。從以上分析可以看出，湯石屬於勞力密集產業，非常依賴廉價勞力，考量中國薪資大幅成長，勞工福利也大幅提升，可能對湯石未來營運造成衝擊。這是我所看到的第一朵烏雲。

另一朵烏雲則是派遣員工的問題。根據湯石 2015 年年報，總員工人數不含派遣是 875 人，包含派遣則是 1005 人，派遣人員 130 人，占總員工比例 13%，個人認為這是一個不算小的數字。由於派遣員工薪資遠低於正職，且公司無須負擔勞健保和退休金，這部分會降低湯石的成本。

也就是說，湯石表面上的高獲利，有部分是靠使用為數不少的派遣員工這種方式榨出來的。若果真如此，那我們對於湯石的估價自然應該下修。假設有一半派遣人員轉成正職，年薪以 30 萬計算，那薪資成本就要增加 2000 萬，再扣除減少一半派遣人員的費用，估計成本增加 1500 萬，那麼營業利益就下修為 1.42 億，下修幅度約為 10%。若以這些數字估價，恐怕就不會認為湯石現在的價格很便宜了。

然而這還不是我認為最嚴重的，或許有人會認為，也許湯石可以持續使用相對高比例的派遣員工，那麼獲利就不需要下修。就讓我姑且先接受這種看法，轉而討論其他面向。首先，派遣員工幾乎沒有什麼忠誠度可言，所以流動率很高，使用太多派遣員工對公司長遠發展不利。另外派遣員工是非常弱勢的，很容易被剝削，即使沒有剝削情形，由於和正職相比長期同工不同酬，又沒有勞健保和退休金等福利，隨著勞工意識抬頭，未來可能出現勞資糾紛，甚至抗爭等情事。

最後一點，也是我最在意的一點，那就是公司的心態。我擔心公司

只想在短期儘可能擠出獲利，而犧牲公司長期發展。那會不會大量使用派遣根本就是常態呢？也許其他公司也一樣，只是年報沒有揭露罷了。為了回答這個問題，我們可以比較一下勞健保和退休金占總薪資費用的比例，由於派遣員工沒有勞健保和退休金，可以預期湯石這個比例應該很低，從上面那張表可以看到，湯石這個數字只有 6.37％，真的很低。而永裕則是 14.52％，這個差距實在是非常大。

另外我也比較了我的投資組合裡面其他公司的這個數字，全都遠高於湯石，可以證明使用這麼大比例的派遣員工應該不是常態。還好不是常態，否則我很難說服自己長期投資這些公司。

綜上，我認為湯石存在依賴廉價勞工，以及使用相對高比例的派遣員工的問題，這兩點都讓我無法說服自己投資這家公司，至少目前如此。本來我想說服自己投資湯石而做的調查，最後卻又反過來建議我不要投資，這種事情時常發生，我也習慣了。

我對湯石的看法，大致都記錄在這兩篇文章裡面，雖然我給的評價不高，已經將它完全排除在我會考慮投資的名單之外，但我還是持續關注這家公司，目的是檢驗自己的看法是否正確。到目前為止，湯石的營收和本業獲利基本上是持續衰退，2018 年第一季本業甚至陷入虧損，縱使因為業外持有大峽谷 -KY（5281）股份獲利豐厚，這樣一次性的業外收入並不會改變我對它的評價。目前市場給予湯石的評價遠高於我對它的內在評價，到底是市場正確還是我正確，有待時間檢驗，但無論如何，我是絕對不會願意以高於內在評價的價格買進的。

• 投資是一場修煉

2017 年是我投資以來首次出現年度結算虧損，也是首度績效落後大盤指數，而且還是慘敗，但卻是我自認為收穫最多的 1 年。台股封關當日，我就在部落格寫下全年回顧文章：

燈火闌珊處 2017 年回顧

2017 年接近尾聲，今年是我投資以來收穫最多的 1 年，甚至比之前的 4 年加起來還多，可以說是豐收年。接下來讓我用最直接的條列式來回顧今年的重大收穫與成長。

一、認識許多在投資領域志同道合的朋友

由於個性使然，過去幾年，我基本上一直處於閉門造車的狀態。即使開了粉絲專頁和部落格，也完全沒有宣傳，只是當作個人的投資筆記，所以基本上無人聞問。直到寫的文章多了，開始有人注意到這個部落格，私下傳訊息給我的人也變多了，其中某些人甚至變成好朋友，時常交流投資看法。這讓我大大開了眼界，也更加感受到投資的樂趣無窮，所謂獨樂樂不如眾樂樂，能和志同道合的朋友一起談論投資，實乃人生一大樂事。於是我也開始敞開大門，主動走出去，定期參加友站定錨茶會，自己也舉辦燈會（燈火聚會），甚至和網友約私下一對一的面談交流，這些都更加擴大了我的視野。以往由於朋友圈非常小，周遭朋友幾乎都是同領域背景的，現在在短時間內認識許多不同專業的朋友，透過向他們學習，比我自己閉門造車要有效率太多了。

二、個股研究更加深入

以往我對於個股的研究容易局限在公司本身，今年以來則是更加深

入和全面的探討，主要在於橫向和縱向的延伸。橫向主要在於競爭同業的調查，縱向主要在於上下游產業的研究。我今年大量閱讀這些相關公司的年報，收看線上法說會，閱讀產業報告等等。甚至有許多下游客戶是國外廠商，只要有上市，也會去讀他們的財報。例如今年讀了挪威一家公司 Marine Harvest 的財報，收穫很大，對於下游產業狀況更加了解，自然也對於手上持股未來展望更加了然於胸。同時對於上游產業的調查也很重要，尤其是原物料占成本比重較高的公司來說更是重要。最後當然就是同業的競爭力比較，無論上下游產業對於公司如何有利，自己本身的競爭力不足都是沒用的。所以相比於競爭同業，公司的競爭力如何，這一直是我花最多心力調查研究的重點。

三、大量閱讀商業經營相關書籍

以往我幾乎只讀價值投資相關書籍，今年以來我明顯感受到這類書籍只提供觀念和心法，若要辨別公司的價值，我必須努力學習各種經營管理以及商業知識。所以今年有一段時間我幾乎天天跑圖書館，讀了很多商業經營的相關書籍，這大大提升了我的知識，讓我更加了解商業這門學問，以及自己以往的無知。也因此我了解必須跳脫過往只看到財報數字表象的缺失，努力深入裡層，搞清楚公司的商業模式與經營策略，以事業主的角度和心態看待投資的公司。

四、績效大幅落後指數

績效大幅落後指數怎麼能算是收穫呢？這就要看在其中學到什麼了。今年我的績效可說慘不忍睹，不但是我投資以來首次帳面虧損，而且還慘敗大盤 20％，甚至有網友譏笑我的選股是飛蛾撲火。這有沒有影響到我呢？老實說，有。但不是因為績效落後或者旁人看法，而是因為個股確實出現一些麻煩，我甚至因此有幾個晚上失眠。但我不是一個只會慌張而手足無措的人，我很快的讓自己靜下心來，一一檢視目前的

情況，做了很多分析，找了很多佐證，也深入思考各種可能劇本，最後我得到正面的結論。也就是說，我認為這些麻煩都不是真正的麻煩，或者只是暫時的小麻煩，這在商業世界司空見慣，只要公司競爭力足夠，這些問題都不足為慮。一旦我下了結論，我就不再擔心，現在每天都睡得很安穩。這整個過程說來輕描淡寫，事後看來也確實雲淡風輕，但我相信經歷過的人都清楚這對心智是一大挑戰。然而過程愈是痛苦，經驗愈是寶貴，成長愈是快速，心智愈是堅定，所以績效大幅落後其實是我今年非常大的一個收穫。

五、被質疑炒作出貨

今年還發生被質疑炒作出貨的事件，由於自身有一些道德潔癖，這件事我一直非常耿耿於懷，但也因此我了解到自己太過天真。投資領域騙子到處都是，而且很多還偽裝的非常好，讓人一時難以識破。人們為了保護自己，嚴格檢視這些公開的部落格也是合情合理。因此我改變做法，文章完全不涉及股價，文字儘可能中性，有些個股分析的文章也加密，只分享給有緣人。這樣做之後，等於自然過濾了我不想要的讀者，建設性的留言愈來愈多，鬧場民眾似乎都消失了，效果相當顯著。那些只想找明牌，或者喜歡質疑個股分析都是別有居心的人，就別再來了吧。

寫了那麼多，我覺得這時候適合來首蘇東坡的「定風波」一詞，以表心境：

莫聽穿林打葉聲，何妨吟嘯且徐行。竹杖芒鞋輕勝馬，誰怕？一蓑煙雨任平生。

料峭春風吹酒醒，微冷，山頭斜照卻相迎。回首向來蕭瑟處，歸去，也無風雨也無晴。

2017 年我的績效大幅落後大盤指數，甚至還出現虧損，但我不認為這是真的虧損，「沒有賣出就沒有傷害」，不是嗎？有許多公司股價暴漲之前，也都是先經歷過股價低迷期，畢竟沒有先蹲哪來的後跳。我也不認為市場評價是正確的，所以持股始終不為所動，因為我堅持的是自己的內在評價，而這些內在評價我認為是有足夠依據的。

然而無論如何，績效大幅落後，對許多人來說總是壓力，再加上多頭市場周遭朋友大都獲利不錯，內心可能就會更不是滋味。其實這些情緒都毫無意義，投資不是為了跟周遭朋友競賽，也不是以短期績效為重點。投資是為了獲利，我們真正應該做的事，是反覆檢驗自己投資的理由是否站得住腳，持續觀察公司是否如預期般提升競爭力，唯有理性客觀的分析，才有機會發現價值。

自從投資以來，我就發現，投資就是一場修煉。其實投資人需要做的事情不多，就是大量閱讀，努力學習，深入思考，然後形成自己的觀點，在自己熟悉的領域，找尋價值被低估的標的。然而這看似單純的過程，卻會一再出現各式各樣的難題，挑戰我們的心智，就像西遊記唐僧師徒上西天取經，途中必須經歷九九八十一難一樣。投資過程中，會經歷的困難恐怕不只八十一難，要成為優秀投資人甚至比上西天取經更難。買進股票之後股價大幅下跌怎麼辦？指數大漲持股卻文風不動怎麼辦？投資的公司獲利不如預期怎麼辦？中東戰亂、北韓核爆、中美貿易戰、英國脫歐這些國際大事會如何影響投資？一個又一個接踵而至的問題，似乎讓人應接不暇。

但其實如果回歸投資的本質，不過就是評估企業的價值，無論外在環境如何變化，最終還是考驗公司的應變能力，而這也屬於公司護城河的一環，所以重點還是應該專注在評估公司。一旦始終堅持這麼做，最後就會發現，

投資過程所遇到的各種苦難，其實都是假的，很多都是根本不存在的問題，只是自己一直沒想清楚。例如，一般人最常遇到的問題，股價下跌怎麼辦？這就是典型的無中生有的問題，因為這根本不該是個問題，再複習一遍：「專注在公司，而不是股價。」應該要問的永遠都是公司的價值多少錢，為什麼值這些錢，投資只要好好回答這些問題即可。

專注在公司不代表就不會再遇到問題，事實上會遇到更多問題，但至少現在面對的是有意義的問題，不再是那些圍繞在股價，無中生有畫錯重點的問題。當你解決一個又一個有意義的問題，可以預見，你的投資實力必定大增。反之，如果你困惑於一個又一個無意義的問題，也可以預見，你永遠不會進步。舉例來說，2017 年 7 ～ 8 月，居易（6216）居然連兩個月交出 5 年來最差的月營收數字，之後雖然回升，但也都持續低迷。當時我所面臨的問題就是，公司營收衰退的原因是什麼？是短暫的營運波動，還是長期衰退的開始？畢竟我們不是公司內部人士，不可能立刻得知真正的原因，但我們還是可以從公開資訊當中找尋蛛絲馬跡。

其實最早從 5 月份公司公布在股東會年報，裡面的主要客戶銷量就可以事先預測，可以看到 2017 年第一季第二大客戶營收大幅衰退，當時就應該察覺到不妙，因為如果該客戶少掉的營收是持續的，那全年營收大幅衰退也就是可以預期的了。

2.占銷貨總額百分之十以上之主要銷貨客戶名單

單位：新台幣仟元

項目	104 年度				105 年度				截至 106 年 3 月 31 日止			
	名　　稱	金　　額	占全年度銷貨淨額比率（％）	與發行人之關係	名　　稱	金　　額	占全年度銷貨淨額比率（％）	與發行人之關係	名　　稱	金　　額	占當年度截至前一季止銷貨淨額比率（％）	與發行人之關係
1	甲客戶	356,589	32.71	無	甲客戶	427,458	37.41	無	甲客戶	125,642	49.14	無
2	丙客戶	260,714	23.92	無	丙客戶	254,878	22.31	無	丙客戶	29,966	11.72	無
3	其他	472,847	43.37	無	其他	460,232	40.28	無	其他	100,083	39.14	無
	銷貨淨額	1,090,150	100.00	-	銷貨淨額	1,142,568	100.00	-	銷貨淨額	255,691	100.00	-

圖 7-7 居易（6216）主要客戶銷量（2015 ～ 2017/3）

資料來源：公司各年年報

　　然而，當時我認為公司競爭力足夠，應該不至於出現獲利嚴重衰退的問題，於是即使明明發現問題，仍然決定不做任何動作。直到後來連續兩個月出現超低營收，我才又回頭檢視公司是否出現問題。當時我做了許多分析，從各個角度切入，首先我想知道這樣短期的營收起伏是否正常，於是統計居易過去幾年月營收相對於平均值的標準差，發現近期營收的波動程度並沒有特別劇烈，同時我也統計了同業合勤控（3704）的資料，發現其月營收的波動程度也不亞於居易，所以可以推論這樣的波動可能屬於行業正常現象。此外，我想推測公司內部對於自身前景的看法，於是我從 104 人力銀行網站看到居易持續在徵人，如果公司看壞前景，又怎麼會持續徵人呢？我也從營業費用的改變，判斷第三季應該是谷底，當時我寫下：

　　居易（6216）今年第一季財報出爐後，許多人應該都是注意到因為匯損造成 EPS 較去年同期下滑許多，連帶著也造成股價下修。對我們來說，匯損一向不是值得擔心的事，反倒是超低的營業費用在我們心裡留下一抹陰影。因為營業費用裡面除了固定薪資之外，還有許多估計費用，例如分紅，這部分需要估計未來獲利提前提列一定百分比。過低的費用可能反映公司對短期未來展望不佳，由於第一季財報是在 5 月中公布，所以也就是可能預告了第三季慘澹的業績。

事後證明，第三季業績確實慘澹，甚至結果比想像的還差。然而第二季財報公布後，營業費用明顯回升，有可能預示第四季之後業績可望回穩。另外，我想知道網通產業是否有某些共通性，於是我比較了幾家領域相近的公司近 4 季營收年增率走勢，發現大致都呈現週期性變化，圖 7-8 以居易為例。

圖 7-8 居易（6216）歷年營收年增率（2005 ～ 2018）

資料來源：財報狗

於是我當時寫下：

從以上多家網通設備廠的近 4 季營收年增率走勢來看，雖然走勢不盡相同，但似乎都有週期性起伏的現象，那麼是否可以據此判斷居易近期營收低迷只是暫時現象呢？當然不行，我們至少應該進一步探討週期

性起伏的原因。首先我們看比較近期的部分，以上各家廠商在 2014 年前後，全都不約而同地迎來一波成長，這只是巧合嗎？很可能不是。

2014 年有什麼特殊性呢？那年是 4G LTE 元年，是行動上網 3G 轉 4G 的爆發期，這在當時是一件不得了的大事，是一個非常大的商機，所以我猜測這很可能就是眾家網通設備廠商都在當時從谷底反彈的重要原因之一。如果時間再往前看一點，既然 2014 年是 4G 元年，那麼之前的一兩年也就是 3G 轉 4G 的過渡期，廠商正密集地準備推出下一代技術的新產品，消費者會有等待新產品而延後消費的心理，所以眾家廠商也不約而同的在 2011 年左右的高點，一路走下波至 2014 年的谷底才反彈。

那麼回頭來看看現在的情況。近期是行動上網 4G 到 5G 的過渡期，以上除了智邦之外，各家廠商大約也都在 2016 年前後開始衰退。隨著 2 月南韓平昌冬季奧運展示 5G 技術，今年將成為 5G 元年，現在會不會就是網通設備廠商從谷底準備爆發的時候呢？另外，對居易來說，Wi-Fi 標準 802.11ac 從 2013 年底制定到現在已經過了 4 年，新標準 802.11ad 在 2016 年推出，應該會漸漸成為主流，現在也是一個過渡期。固網方面 xDSL 演進到 G. fast 和 V Plus，也都會帶來新的需求，取代舊的設備。種種產業現況來看，居易近期營收的衰退可能只是正常的產業週期性現象。但畢竟科技產業變化太快，到底以上猜測是否正確，投資人自行判斷，本燈也沒有把握。

2018 年 3 月底，居易公布 2017 年年報，確定營收衰退果然大部分來自第二大客戶營收下滑，小部分可能來自新舊產品交替所造成的青黃不接狀況。我也幾乎可以確定這是因為荷蘭代理商在 2014 年接到的大標案到期，又沒有新標案補上所致，只要長期追蹤公司，這點並不難判斷。當初投資這家公司，本來就不是因為標案，而是判斷公司深耕自有通路銷售的商業模式，

看好公司業績有如積沙成塔般穩定成長，所以確認不是通路出了問題，也就確認公司本質競爭力沒有出現問題的跡象，標案造成的營收起伏，不用太過擔心。

當時我是絞盡腦汁，想盡辦法從各種角度推敲公司狀況，重點不在於推測公司短期營收，而是推測公司是否遇到競爭力下滑的問題，最後我的結論足以說服自己公司競爭力目前沒發現問題，所以持續持有，不理會短期營收或股價的波動。

以上說了那麼多，其實只是要說明一件事，投資不可避免會遇到非常多的問題，沒有人會告訴你答案，甚至也沒有人會告訴你該問什麼問題，所謂「一流的人才發現問題，二流的人才解決問題，三流的人才製造問題。」如果想要投資成功，我們首先必須問對問題，然後試著找出答案，或者至少找出一些間接佐證也好。當佐證多到足以下投資決策，那麼就徹底執行，千萬不要被其他人事物的干擾，堅持有依據的內在評價，絕對比跟著市場隨波逐流有機會成功。

第 8 章

修正錯誤

投資的路上有太多的不確定性，我們不能確定未來景氣好壞，更不可能確定股價走勢。我們也不能確定公司未來是否能夠持續獲利，甚至無法確定幾年後公司是否仍然存在。但有一件事，我們是可以百分之百確定的，那就是我們肯定會持續犯錯。

曾經有記者向巴菲特提問：「你經營公司時犯過什麼錯誤？」巴菲特回答：「我犯的錯數不清，你有多少時間聽？」犯錯並不可恥，甚至還是好事，只要能夠不斷修正錯誤，從錯誤中學習，久而久之，就會取得極大的進步。

● 一生難忘的經驗

時間是 2015 年 5 月中，因為依規定 5 月 15 日之前上市櫃公司必須公布第一季財報，所以我從 5 月初開始，三不五時就會上公開資訊觀測站查詢一下，看看投資的公司是否已經公布。這天晚上，在毫無心理準備的情況下，我發現最大持股金洲（4417）上傳了四大報表，我立刻打開綜合損益表，先看看獲利數字。結果看到單季毛利率竟然高達 25.3％，EPS 高達 1.23 元，我用力地揉一揉自己的雙眼，再認真看一次，真的沒看錯！一時之間，我真的不敢相信自己的雙眼，當時我甚至懷疑公司數字可能誤植了，因為根據過往紀錄，第一季因為營收較低，通常毛利率也較低，我原先估計大約在 16％至 18％之間，EPS 了不起 0.5 元，結果完全出乎意料，這真是一個天大的驚喜！

再進一步查看其他三大報表，確認公司應該不是誤植數字的情況之後，接下來，我做的第一件事情，就是立刻調集手邊所有能運用的資金，包含我和老婆名下所有現金，以及準備賣出的其他持股，全數以漲停價掛單，總共

掛了 35 張的數量。不僅如此,我還傳訊息給爸爸媽媽、兄弟姊妹以及岳父岳母,強烈建議大家立刻掛漲停價買進。結果隔天開盤就漲停鎖死,直到收盤都沒能買到,原先要賣出的持股也就取消不賣了。

第一天雖然沒買到,但我仍不死心,我二話不說還是繼續掛漲停價,由於價格比前一天高出 7%,加上原先要賣出的持股決定不賣了,所以本來能買到 35 張的資金,現在只能買到 25 張了,結果第二天仍舊開盤就漲停鎖死。我還是不死心,第三天繼續掛漲停價,但能買到的張數只剩下 22 張了,結果還是開盤就漲停鎖死,還有超過 1 萬張的數量排隊買進,我看到之後簡直面如死灰,心想應該是買不到了,也不打算再追第四支漲停板了,當時真的是非常失望,但也莫可奈何,只好提早去吃午餐散散心。沒想到午餐過後,回到辦公室,發現一萬多張居然瞬間被消化,漲停還一度打開,我的單子當然也成交了,買在 32 元。當時,我在私人社團寫下:

11:30 去吃飯的時候成交量還不到 2000 張,還有超過 1 萬張排隊要買,本來以為還是買不到了,沒想到吃完飯回來,1 萬多張居然瞬間被消化掉了。立刻查了一下新聞,我想應該是因為剛剛大陸股市發生了重大利空消息造成。無論如何,我買到了,這是今天最棒的禮物!

我當時真的非常興奮,唯一的遺憾,就是無法買進更多數量,我當時真的體會到電影《華爾街之狼》裡面,主角喬登貝爾福(Jordan R. Belfort)時常在推銷時使用的話術:「這檔股票完全沒有風險,唯一的風險就是買得太少!」我當時就是這種心情。我猜一定會有人想問:「追了 3 根漲停板,成本大幅提高,都還沒賺錢,為什麼這麼開心?」我覺得回答這個問題最好的方法,就是將我當時所記錄下來的文字,完全不經修改,原汁原味地呈現在這裡,讓我帶大家乘坐時光機器,回到 2015 年中吧!

　　金洲季報出爐了，我簡直不敢相信自己的眼睛！EPS 1.23 元，毛利率 25.34％，負債比只剩 39％。天啊！太不可思議了！這個投資真的讓我極有成就感，而且驚喜連連。我掛了 35 張漲停價，以現在的價格來看，即使連續漲停 3 天都還相當便宜。

　　我認為 2014 年第三季和第四季展現的只不過是量變，公司營收突然大幅成長，在固定成本不變的情況下，毛利率自然就提升了，當然連帶使得獲利跟著提升。但是這樣的成長只是營收的成長，公司的本質並沒有太多改變，未來即使營收持續成長，獲利成長的幅度也不可能太大。但今年第一季營收不過 6.7 億，根據以往經驗來看，毛利率頂多 16％～17％，結果居然超過 25％，這反應了公司高毛利產品大幅放量，這是屬於質變了。

　　以金洲的產業地位，以及產品特性來看，這樣的改變不會只是暫時的，應該具有持續性。漁網不像手機，產品生命週期很長，並不時常改變，金洲今天能夠賣出大量高毛利產品，未來非常可能會持續賣出，加上這個產業進入門檻相當高，有些高毛利產品只有極少數廠商有能力做，金洲全球網業龍頭地位更加穩固，護城河更加寬廣。另一方面，隨著獲利持續提升，金洲的財務體質改善的速度之快也令人驚訝，加上低油價使得積壓在存貨的資金獲得部分解放，公司現金流入自然也會跟著增加。所有事情環環相扣，整家公司完全不同了。

　　明年東協啟動金洲進一步受惠，產品平均銷售世界各地，匯率風險低，產品需求穩定永遠不可能消失，更無法被取代。金洲 2015Q1 的獲利主要不是來自大陸或越南廠，而是來自台灣廠，這代表金洲並不依賴廉價勞工，而是有創新能力，能夠提供高端產品的公司，這長遠來看絕對是好事，這也是我說金洲質變的原因。

藉由海上用網的成功，逐步拓展到陸上用網，則又是另外一片天，大樓安全網、運動用網、農業網、軍事用網，金洲未來還有非常多領土可以持續攻克成長，並不會只受限於漁網需求近幾年幾乎零成長的情況。金洲能在如此寡占又傳統的產業，同時出現量變和質變，在一個幾乎零成長產業的公司，卻出現營收的高成長，這也就反應了其產業地位，在一個再傳統不過的產業，卻有辦法大幅提升毛利率，這更加反應了這間公司能提供差異化與高附加價值，寡占一個冷門進入門檻又高又永遠不會消失的產業，對我來說真的是太誘人了。

即使不考慮未來成長，近 4 季 EPS 3.25 元，以 11 倍本益比計算，股價也應該有 35 元以上的水準，更不用說以金洲現在的高成長，理論上市場應該給予更高的本益比，如果給到 15 倍那就接近 50 元了，以 35 元以下的價格買進，我認為安全邊際已經相當足夠。

如果以短期投機的角度來看，市場的不理性甚至可能將金洲股價進一步推升至天價，例如 20 倍本益比，那就是 65 元。當然，我是不會理會這些短期炒作的，即使股價真的漲到 65 元我也不會賣的，這家公司已經質變，我一定會長期持有。

如果毛利率可以維持 25%，以去年營收來看，EPS 至少 4 元起跳。而且由過去的經驗來看，金洲的營收是每年成長的，即使遭遇金融海嘯，也不過 1 年的衰退，然後馬上恢復成長，這是因為金洲產業地位非常穩固，產品需求非常穩定又無可取代的原因，所以我才會說，未來幾年金洲非常有可能持續帶來高獲利，這對我來說是一個非常肯定的事，所以我才會打破定期定額的慣例，單筆大舉買進。

以上預測即使沒有在今年發生，也就是說高毛利只出現在第一季，我也不會懷疑之後毛利率一定還是會持續提升至目前的水準，因為新產

品剛剛開始放量，可能還沒有立刻穩定出貨，但過一段時間之後，必然慢慢穩定下來，所以我不會因為接下來毛利回跌而認為自己誤判。雖然我連續追漲停價，但我要強調，我並沒有違反價值投資的原則，我並不是衝動行事，35 元以下絕對有非常足夠的安全邊際。

如此重大的投資，為求慎重，我當時又再度重新分析金洲的競爭力，以及未來前景，目的還是要確定承受的風險足夠低，我寫道：

成本優勢

金洲是產業龍頭，年營收 30 億，在購買原物料量比同業大許多的情況下，自然能夠取得較優惠的價格，而使原物料成本比同業更低。且公司持續垂直整合，部分原物料都早已自行生產，可以更進一步降低成本，甚至外銷擴大營收。

規模優勢

漁網產品十分複雜，需要大量各類編網機，所以必須投入大量資金，金洲在這方面具有規模優勢，一方面產品多樣化，可依客戶需求彈性生產，另一方面則構成進入門檻。且大型漁網售後服務也很重要，要能夠生產這類高端產品並做好售後服務並不容易，金洲賣出愈多這類漁網，後續維修收入也就愈多，這樣既可綁住顧客，又可創造穩定營收，同業要追上就更加不易了。

國際合作

金洲是極少數能獲得歐洲箱網養殖大廠認證及獲得採用的生產業者，一併成為金洲發展主力，主要供應國外市場，目前已與美國及歐洲的客戶，合作以開發圍網市場。能夠與國際大廠技術合作，更進一步

增強國際競爭力，使漁網這樣看似平凡的產品，毛利率居然能夠超過25％，這是其他打價格戰的小廠無法比的。

進入門檻高

漁網產品種類多且複雜，要能夠替客戶製造合適的漁網，除了製造能力之外，更重要的是對各海域漁業特性的瞭如指掌，所以總經理張燈河說，金洲未來的關鍵反而不在「魚網」，而是在「漁業服務」。這不是有錢就能做的產業，這就是為什麼這是一個寡占的市場，隨著金洲營收和獲利雙雙提升，顯示的就是護城河更加寬廣，與同業的差距愈拉愈大。

前景展望

明年東協啟動，對金洲來說更是利多，以金洲寡占市場的能力來看，未來持續成長的可能性非常高。加上美國頁岩油的開採技術持續提升，美國已經從原油進口國變成出口國，未來低油價非常可能成為常態，這對金洲來說又是另一重大利多。而隨著海洋資源枯竭，養殖箱網需求持續提升，早已成為金洲主要獲利來源，加上金洲箱網新產品研發成功，毛利率大幅高於同業，本來已經寡占的市場變得更加寡占，金洲護城河更加深廣，前景持續看好。

寫了那麼多，目的有二，一是證明我當時確實不是衝動行事，是經過深思熟慮之後，確定安全邊際足夠，潛在報酬相當大，才果敢地下重注追高買進。二是說明為何我根本還沒真的賺到錢，卻開心得像已經發財了一般，正如我前面提過的，其實真正的價值投資者時常是在買進的當下就已經獲利，只是還沒實現而已。更何況除了獲利之外，還有更令人開心的事，我在第二章就提過，獲利只是成功投資的副產品，對於公司的判斷被證明是正確的，這件事本身才是最讓我開心的。

　　那麼，當時這個投資後來結果如何呢？金洲在 5 月 12 日當天公布財報之後，連續 3 天開盤即漲停，5 月 15 日當天成交張數竟然超過 1 萬 3000 張，然後股價幾乎頭也不回地一路飆漲，6 月 9 日的盤中最高價達到 59.2 元，之後直到 7 月中都還是維持在 50 元以上的價位，我想市場或許也和我有類似的看法，以當時的資訊來預估，金洲每股獲利很可能超過 4 元，同時還保有成長性，所以以 15 倍本益比計算，股價應該可以達到 60 元。真是一個漂亮的長打，可惜的是，我的家人一張也沒買，而我則是一張也沒賣。

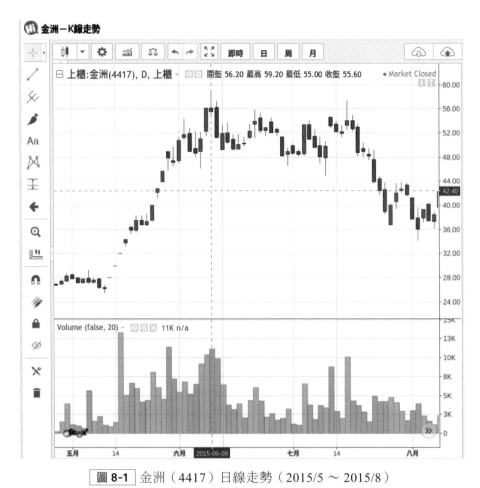

圖 8-1 金洲（4417）日線走勢（2015/5 ～ 2015/8）

資料來源：嗨投資

● 檢討錯誤

　　如果這個故事停在 2015 年 6 月 9 日，那就真的完美，可惜 8 月份之後，營收和股價開始走下波，尤其是第四季，交出了非常低迷的營收數字，股價也就一路下跌，最低甚至跌破 30 元。前面提到當時我預測全年 EPS 至少也應該有 4 元，結果卻只有 3.44 元，誤差相當大，主要原因就是第四季出乎意料的急轉直下，以往第四季通常是旺季，結果當年第四季卻是全年最差，EPS 只有 0.48 元。

　　這讓我深深檢討了一番，並不是因為股價下跌而檢討，我一向不在意短期股價波動，最主要檢討的點是，我當時實在太過樂觀，只因為一季驚豔的獲利數字，就滿懷信心地推估全年，卻對於整個產業特性還沒有充足的認識。我後來才知道，第四季業績之所以急轉直下，是因為魚價低迷，造成下游無論是捕撈還是養殖漁業的客戶都減少下單。

　　其實我當時記錄的文字也有提到，即使我的推論沒有在當年度就成真，我也不會懷疑自己的判斷，只是時程往後延罷了，這也是我當時始終沒有賣出股票的原因。但無論如何，這次經驗讓我學習到，千萬不要輕易地過度樂觀，對於產業特性必須調查地更清楚，才不會在毫無準備之時，受到業績大幅下滑的驚嚇。

　　這真的是我投資以來印象最深刻的經驗，即使現在已經過了 3 年，依舊覺得歷歷在目。從看到財報當下的驚喜，立刻湊集資金，連追 3 根漲停的果斷，買進之後股價連番大漲的雀躍，內心陷入是否賣股的抉擇，直到後來業績和股價都急轉直下的錯愕，整個過程簡直讓人加速成長。就像七龍珠裡面的精神時光屋，可以讓人功力快速提升，所以即使當時沒有賺到那短期就翻

倍的價差，但實際獲得的寶貴經驗，過程中學習到的許多產業知識，以及事後檢討並修正錯誤帶來的自我提升，收穫更甚一次性的資本利得。

　　說到犯錯經驗，那實在是多得不得了，談論自己犯過的錯誤，總是比較令人難堪，但好在我並不羞於公開自己所犯過的錯誤，所以除了上面我對於金洲業績誤判的錯誤之外，這裡再舉一例。2017 年初，我突然覺得自己長期研究少數幾家公司，應該是時候可以在年初寫幾篇全年預測文，其中一篇是居易（6216），全文如下：

　　回顧 2016 年，居易（6216）年營收 11.43 億，年增 4.93％，這已經是連續第四年成長。考量到近兩年全球經濟低迷，且主要的市場歐洲情況更糟，居易能有這樣的表現，我認為相當不錯了。2016 年前 3 季毛利率達到 50.48％，EPS 2.37 元。毛利率較 2015 年同期大幅增加超過 3％。EPS 則略減 0.04 元，主要原因是業外的匯兌損益較 2015 年同期相差高達 5300 萬。值得一提的是，在台幣升值的情況下，毛利率還能逆勢成長 3％，主要原因是製程改善，使得製造成本下降。同時公司持續提升產品附加價值，並鼓勵代理商推廣高階產品所致。2016Q4 營收 2.82 億，年增 28.5％，加上美元升值近 3％，居易應該會有不少匯兌回沖，毛利率也可望回升到 50％以上。估計全年 EPS 可以超越 2015 年，甚至挑戰 2007 年的 3.13 元。

　　展望 2017 年，Wi-Fi 標準 802.11ac 換機潮還在持續，而新標準 802.11ad 又在 2016 年推出，預期 2017 年成為主流。在固網方面，DSL 技術從早期的 ADSL 到 VDSL，再演進至 G. fast 與 V Plus。行動上網方面，4G LTE 技術持續演進，5G 雖然預計要等到 2020 年才會正式商轉，pre-5G 網路卻在 2017 年就會推出。以上種種新標準或新技術，都可望催生換機需求。加上更多頻譜的釋出，將拉開行動通訊與物聯網垂

直應用結合發展的序幕。工研院 IEK 預估，2017 年國內通訊產業產值可望達 1 兆 942 億元，成長 2.7%。而固網和行動持續匯流融合，雲端業務帶動寬頻需求看增。居易受惠此一趨勢，可望帶動營收及獲利持續成長。

產品方面，路由器仍占營收絕大部分，然而無線基地台（AP）和網路交換器（switch）產品也漸漸被市場接受，近兩年大幅成長。隨著居易產品線逐漸齊全，預期未來 AP 和 switch 兩大產品線可以貢獻更多營收。加上物聯網時代來臨，愈來愈多的裝置即將連上網路，居易亦受惠此一趨勢，為未來重要營運動能。

市場方面，居易過去長期耕耘西歐市場有成，前兩大市場分別為英國和荷蘭，2015 年合計占營收比重 56.6%。英國脫歐目前看來似乎沒有太大的影響，惟仍需持續關注後續狀況。居易長期經營自有通路，通路忠誠度較高。每個國家僅配合一家代理商，而代理商也只賣居易產品。居易專注把產品做好，代理商則專注把產品賣出去，兩者形成共利共生的關係。隨著眾多小通路慢慢成長，有如積沙成塔。目前除了英國和荷蘭前兩大通路之外，德國、越南也已成長為貢獻營收超過 5% 的通路。其他如澳洲、紐西蘭、希臘、法國等等通路也都有明顯成長。故居易於去年 10 月法說會上特別提到，新市場開拓以及協助現有代理商深耕既有市場為重要營收動能方向。

匯率方面，居易應收帳款以美元計價占 55%，歐元占 40%，台幣占 5%，故短期匯率波動亦將造成居易獲利波動。美元由於 FED 開始啟動升息週期，未來預期將會走強。然而歐洲近年為多事之秋，自英國脫歐以來，歐元大幅貶值，預期今年也難有起色。一來一往相互抵銷，估計今年匯率影響較小。

綜上，個人認為，居易 2017 年在製造成本下降，網通產業新標準與新技術催生換機需求，AP 與 switch 新產品線逐漸完善，通路持續成長，且預期匯率影響較小的情況下，獲利可望持續成長，預估 EPS 3.3～3.6 元。

上面這篇預測分析文，從產業面、產品面、市場面一路談到匯率方面，一切說法有理有據，預估數字合情合理，乍看之下真是一篇優質文章。只可惜有一個小缺點，最後 EPS 的預測完全不準，甚至可以說是錯得非常離譜。居易 2017 年實際的 EPS 只有 2.38 元，營收年減 14.1％，這個巴掌打得真夠響亮！其實不只居易，我在 2017 年初寫下的所有年度預測文章，沒有一篇準確，說起來真的很糗，所以我現在再也不敢寫年度預測文了。

那麼，到底是什麼原因造成預測失準呢？原因或許不只一項，但我認為最主要的原因，是當年台幣大幅升值，從 2016 年底 1 美元兌台幣 32 元以上，一路升值到 30 元以下，升值幅度約 8％，這是非常驚人的，很多公司甚至連毛利率都不到 8％，這樣的升值幅度對他們來說是重傷害。即使是高毛利公司，只要帳上美金貨幣性資產較多，一樣會承受相當程度的匯損傷害，以居易為例，2017 年匯損超過 5700 萬，影響 EPS 0.7 元，對照全年 EPS 2.38 元來看，這可不是一個小數目。

總之，這次經驗給了我一個教訓，我並不會認為自己是因為運氣不好，剛好遇到台幣大升值，所以才預測失準。而是我學到外在環境隨時在變化，有太多因素不可預測，與其預測未來 1 年的每股盈餘，不如仔細分析公司的護城河強弱，我們要做的不是分析所有外在因素對公司短期獲利的影響，而是要分析公司有多少能力應變各種突發狀況。

我們不是要預測各種事件發生的機率，而是預測公司在各種事件發生的情況下，仍然能夠屹立不搖的機率。當九級強震發生時，要求建築物完全不受影響是不可能的，但我們希望一棟抗震的建築物，在其他大樓紛紛倒塌之時，它只是稍微搖晃幾下，然後又能夠恢復原狀，繼續矗立在原地。因此，我後來在分析一家公司的時候，重點不在是這家公司每年 EPS 能達到多少，而是它有多大能耐，應付各種外在環境變化的挑戰，過去每年賺多少不重要，未來能不能持續穩定獲利才是重點，這點雖然已經一談再談，但我還是花了相當多的時間才體悟到！

還有一種錯誤，不在於你做了什麼，而是你沒做什麼。2014 年崇友（4506）股價 20 元左右時我發現它，稍微研究一下，覺得是個值得投資的公司，但最終我仍然沒有投資它，近幾年獲利大幅成長，股價已經翻了兩倍。

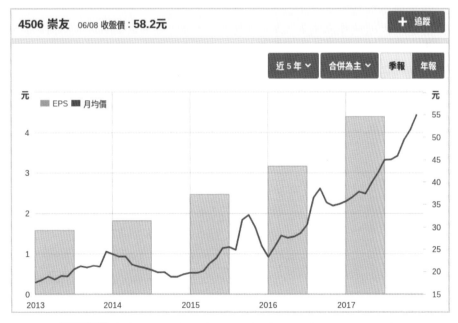

圖 8-2 崇友（4506）歷年 EPS 與月均價（2013 ～ 2017）

資料來源：財報狗

　　「因為它股價漲了兩倍,而我沒有在 20 元的時候買進,這樣就叫做沒有做什麼的錯誤嗎?」當然不是,否則所有股價大漲而我沒有買進的股票都是錯誤,這有什麼意義呢?重點在於我本來非常有可能買進,卻因為一些愚蠢的理由而錯失這檔飆股,這才能稱為犯錯,這是應作為而未作為的錯誤。不要小看這樣的錯誤,它可以讓你損失大把的鈔票。

　　那麼我當時究竟因何故沒有買進呢?事情是這樣的,崇友是一檔電梯股,在台股中和永大(1507)並稱為電梯雙雄,然而後者營收規模比崇友大多了,而且崇友銷售市場集中在台灣,永大主要在中國,當時是我投資的第三年,很多想法還相當幼稚。

　　我認為同業當中應該投資龍頭公司,而且中國市場比起台灣大太多了,我認為永大比較有成長性,所以傾向投資永大,而放棄崇友。然而(幸好)當時正是永大獲利和股價的高峰,股價接近 100 元,我認為太過昂貴,所以一直沒有買進,持續等待便宜價格的出現。後來便宜價格也確實出現了,永大在 2016 至 2017 年有很長一段時間股價都在 50 元以下,相較先前高峰時期近乎腰斬,然而(幸好)我終究還是沒有買進永大,因為我後來認知到,永大和崇友雖然同是電梯股,但其實獲利來源差很大。

　　永大主要來自中國新梯銷售,崇友則是來自台灣舊梯維修保養,由於後者毛利率高達 50% 以上,其實利潤要比永大好多了。兩岸由於習慣不同,台灣電梯幾乎都委由原廠維修保養,中國由原廠維修的比例卻不高,因此永大即使銷售量遠大於崇友,毛利率卻反倒遠不如崇友。

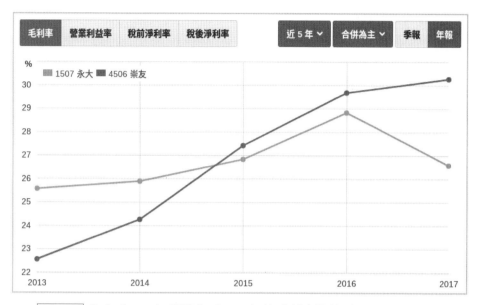

圖 8-3 永大（1507）與崇友（4506）的毛利率比較（2013 ～ 2017）

資料來源：財報狗

再加上中國打房政策，以及競爭加劇，造成永大近幾年獲利大幅下滑，反觀崇友雖然在台灣市場小，但一方面穩定的新梯銷售，另一方面源源不絕的舊梯維修，加上往高毛利電梯發展，於是造就近幾年獲利大幅成長。說了那麼多，只是要解釋，這是一個當時非常有可能投資，卻因為一些不成熟的想法，導致應作為而未作為的錯誤，損失約 200％的報酬率。

還有一種錯誤是決策太慢的錯誤，許多時候當我發現一檔價值疑似遭到低估的個股，我總是有一種隨緣的心態，想著等我分析完整，確定安全邊際足夠再下手，這種嚴謹的態度並沒有錯，但是往往好機會不等人，縱使我不應該放寬安全邊際，至少應該積極研究，儘量在最短時間做出正確的分析，然後在信心程度足夠的前提下儘快做出決策。

有些時候，當我還在做最後確認時，股價已經大幅上漲，於是我就放棄這檔股票，繼續尋找其他個股。然而，很多時候即使股價已經大漲一波，依然存在足夠大的安全邊際，我卻過早放棄，這也是很大的錯誤，而且是我時常一而再、再而三犯下的錯誤，我不應該被股價上漲所影響，重點還是在於安全邊際是否足夠，有些公司即使短時間上漲 50％依然存在相當大的安全邊際，我卻只是因為沒賺到這 50％而懊惱，反而可能錯失後面的 100％。

在我發現日友（8341）的時候，股價大約 50 元，現在已經是超過 4 倍的漲幅，當初我卻在上漲 20％左右就放棄了。我總是喜歡尋找大跌的股票，看看是否超跌，卻忽略大漲的股票，也是類似的錯誤。許多大漲的股票，其實後面還有一大段漲幅，因為他們大漲的原因是持續且長期的，如果深入去調查，有機會發覺這些飆股，自己卻一開始就放棄了。

除了前面提及的日友之外，微星（2377）也是如此，我老婆曾經在這家公司服務過，當時股價不到 20 元，老婆也不滿意公司內部狀況，因此我也就認為這家公司不值得關注。後來卻時常在朋友口中聽到這家公司已經不一樣，股價也持續上漲，我卻完全沒有去了解，只是認為股價已經上漲，還是繼續找股價低迷的公司比較有機會，結果當時微星股價根本只是在半山腰，還有整整一倍的漲幅，如果當時拋棄成見，多做點研究，就有機會抓到這支飆股。

還有一種錯誤很像父母親對孩子太過寬容，手中的某檔長期持股，過去一直沒犯什麼重大過錯，經營者也都值得信賴，但是公司也一直沒有什麼亮眼的表現，所以長期持有只獲得中等績效。這時候理應找尋更有潛力的標的，替換這檔股票，但是卻因為覺得公司一直很努力，經營績效也不算太差，於是不忍心苛責，也就一直持有，期待未來能夠有更好的表現，結果只是持續付出機會成本。

尤其是確實找到更好的機會，卻不願賣出這檔股票，這造成相當龐大的損失，這個錯誤比較屬於我個性上的缺點，我內心將這些欣賞的經營者當作自己的夥伴，所以不願意輕易拋棄他們，但這對於投資來說，其實是大忌，所以我現在還是決定改變，不再眷戀往日美好時光，所謂水往低處流，人往高處爬，如果找到更高大上的公司，還是只能狠下心和前任分手，大家做朋友就好，我會對它說：「等你也變得高大上了，我們還是可以在一起。」

最後一種錯誤，是目標太低，過去我總是想找每年能提供 10％ 報酬率的公司就感到滿足，但其實只要積極尋找，以目前的經驗來說，1 年找到一檔上漲 50％ 以上的公司還是有機會，所以現在我的策略就是找尋這樣的機會，在確定安全邊際足夠大的前提下，下重注投資，1 年壓 50％ 資金在一檔這種標的，當年的報酬率應該就不會太差了，這就是《下重注的本事》作者莫尼斯・帕波萊（Mohnish Pabrai）講的「正面大贏，反面小輸」策略。

也許有人會認為這種做法太過冒險，但如果真的找到這樣的標的，其實承受的風險相當低，以往我嚴格限制自己至少應該分散在五檔個股，結果有些安全邊際相當大（也就是潛在報酬相當高）的個股配置太少，這個錯誤也造成相當龐大的損失。雖然我已經屬於集中持股的投資人，但因為內心還是擔心可怕的黑天鵝事件，會造成嚴重的損失，所以即便再怎麼看好某檔個股，也不敢過分重壓，現在我的看法改變了，**真正降低風險的是安全邊際，如果某檔個股安全邊際確實非常大，我會選擇重壓，如果沒有特別有信心的標的，那我就會比較平均地配置投資組合。**

● 更上一層樓

　　所謂失敗為成功之母，犯錯可以是好事也可以是壞事，就看有沒有從中學到寶貴的教訓，然後修正錯誤，持續進步。這幾年我持續學習，確實覺得自己多少有一點長進，而這些長進，就如同前一章談到的內在評價一樣，也是只有自己最清楚，如果連自己有沒有進步，哪些地方進步了都搞不清楚，那想要獲得良好的投資績效，恐怕只能祈禱上天眷顧了。

　　這幾年我自認為至少有以下幾點重要的進步：

一、從專注財報數字到專注商業模式

　　以往我總是專注在財報數字上，儘可能不放過任何重要數字，只要這些數字變好，就會覺得開心，若反之就會擔心，姑且稱這時期為燈火 1.0 吧。後來我發現這些數字只是某段時期的營運成果，重要的是造成這些結果的原因，於是我開始探討原因，並由原因再去預測結果。這個方法要比專注在財報數字的結果要好多了，算是第一階段的進步，這時期稱為燈火 2.0。

　　但是後來我又慢慢發現這樣的探討過於片面，而且原先認為的原因，其實只是另一個更根本的原因所造成的結果，而這個更全面更根本的原因就是商業模式。一家公司是如何獲利的，競爭力在哪裡，其實答案都藏在商業模式裡面，搞清楚商業模式，就等於理解了整家公司，分析公司的商業模式，就是分析公司的護城河，才更有機會判斷公司未來可能的發展。從片面解讀財報數字的原因，到專注於更全面且根本商業模式，可以說是我第二階段的進步，這時期稱為燈火 3.0。

居易（6216）長期主打自有品牌的路由器產品，毛利率高達 50％，EPS 自 2012 年以來連續成長 5 年，在 2016 年達到 3.07 元的高峰，然而 2017 年衰退至 2.38 元，營收更年減 14％。這麼嚴重的衰退，燈火 1.0 的反應大概是慌張失措，先賣股再說。燈火 2.0 會試圖去了解原因，了解到營收衰退主要來自第二大客戶營收大幅下滑，在評估短期的未來這些少掉的營收不容易恢復的情況下，應該先行賣股，找尋更好的投資機會，避免浪費機會成本。

燈火 3.0 則是了解到居易長期專注研發創新，持續累積技術實力，並且長期經營自有通路，通路忠誠度較高。每個國家僅配合一家代理商，而代理商也只賣居易產品。這樣的商業模式，讓居易可以專注把產品做好，代理商則專注把產品賣出去，兩者形成互利共生的關係，長期來說，雖然不容易見到營收爆發性的成長，但一步一腳印的把品牌和通路經營好，未來有較高的機會維持穩定獲利。

而 2017 年營收衰退主要來自大標案到期，這並不影響公司長期競爭力，商業模式上本來就是先顧好通路，不強求標案。再加上部分獲利下滑來自大額的匯損，但即使在台幣大幅升值的情況下，毛利率依舊持續提升，已經達到接近 52％，顯示公司的競爭力並沒有下滑跡象，所以無須恐慌，甚至可以逢低加碼。

以這個例子來說，最後燈火 3.0 的決定並不一定是正確的，但是以我的內在評價來看，這是很明顯的進步，即使這個例子最後證明決策錯誤，以機率來看，未來做出正確決策的機率必然會提升。

二、從緬懷過去到放眼未來

燈火 1.0 由於尚未習得一招半式就進入股市，選股唯一的依據大概就是

過往紀錄，所以當時我只願意投資有紀錄以來從未虧損，且長期獲利穩健的公司，至於未來是否能持續獲利恐怕只能碰運氣了。燈火 2.0 則是延續燈火 1.0 選擇過去長期穩健獲利的公司，然後更進一步選擇近期持續進步的公司，企圖買到公司正在上升階段的公司。但無論是 1.0 還是 2.0，其實都是緬懷過去數字，並沒有真正的放眼未來，只是把公司看成一張張靜態的照片，看不到正在進行的動作，無法連貫起來，也就難以預測未來。

　　舉例來說，耿鼎（1524）這家公司主要從事汽車售後市場的鈑金製造，這家公司在 2016 年之前是虧損累累，股價大部分時間都在面額以下，低點甚至不到 5 元。然而近兩年轉虧為盈，EPS 達到 1 元上下，股價也從谷底大幅上漲超過 1 倍以上。

圖 8-4 耿鼎（1524）歷年 EPS 與月均價（2010 ～ 2017）

資料來源：財報狗

如果是燈火 1.0 或者 2.0，這家公司連觀察名單都不可能進入，更遑論進場投資。但是燈火 3.0 反倒是十分懊惱，為何以往要設定過去沒有虧損紀錄這樣愚蠢的篩選條件，如果早在 2015 年就發現這家公司，肯定會進場投資，絕對不會囿於公司過去的虧損數字。

原因很簡單，因為這家公司已經改頭換面了，有證據顯示公司在可預見的未來，轉虧為盈並且持續維持獲利的機率相當高。關於這個結論，詳細分析已經在第四章討論過，不再贅述。這裡只是要說明，很多人會因為公司過去虧損的紀錄，而擔心目前的獲利可能只是曇花一現，以至於直接排除這類公司。這也不能說完全沒道理，畢竟過去表現良好的公司，未來繼續表現良好的機率，通常是大於公司過去表現不佳未來卻變好的機率，一般投資人為求謹慎，捨棄這部分俗稱的轉機股，也算是合情合理，只是如此一來，就和這種飆股絕緣了。

燈火 3.0 相較於以往所做的改變，就是**不再被過往數字困擾，而是深入剖析產業現況以及公司競爭力，試圖透視公司正在進行中的狀態，了解公司過去一直以來做了哪些努力，這些努力預計何時可以開花結果，並且通過分析財務數據找出佐證。如果有跡象顯示公司策略奏效，成果已經逐漸顯現在財報數字裡面，那麼就有機會提前在市場注意到它之前，先行布局，等待收割。**

三、從分批買進到一次購足

燈火 1.0 由於選股信心不足，再加上剛出社會，工作領的是月薪，所以採取定期定額買進的方式累積持股。到了燈火 2.0，工作加上投資幾年來累積了一些資產，比較有能力一次買進更多數量，然而當時因為擔心買進之後

股價下跌，而錯失買得更便宜的機會，所以大致上仍舊維持分批買進的策略。

　　這種情況下，風險來自某些難得的機會，如果不儘快買足數量，股價恐怕突然就漲上去，由於這樣的機會少見，而且通常是花費極大心力才鎖定，卻只吃到一兩口，煮熟的鴨子就飛了。所以到了燈火 3.0，我已經不再分批購買，而是一旦出現大好機會，只要安全邊際足夠，就會儘快地買進足夠數量，不會在意未來是否出現更便宜的價格，因為相比太早行動而產生的這點損失來說，來不及買足數量，股價就已經大漲，這種太慢作為的損失嚴重得多。

　　我已經經歷多次這種經驗，2012 年底的博大（8109）、2013 年中的花仙子（1730）、以及 2014 年初的勤誠（8210），都是在分批買進的情況下，來不及累積數量股價就已經大漲。2015 年初的日友（8341）更是在準備買進卻還沒買進的情況下，股價直接飆漲入雲，煮熟的鴨子不但會飛，居然還直接飛天，錯失了 4 倍漲幅，我只能欲哭無淚。

　　還好燈火 3.0 之後，不再因為分批買進而錯失 2015 年 23 元左右的永裕，以及 2018 年初 23 元左右的大洋 -KY（5907），這兩家都是在當時能力範圍之內，幾乎是一次購足，然後就是悠閒的等待股價上漲，等待的同時，我又繼續找尋下一個機會。

　　其實以上三點都可以歸納為一點，就是對於公司價值的判斷能力提升了。財報不會告訴我公司的價值，但是分析商業模式可以，分析商業模式也讓我眼光比較放在未來而不是過去，當對未來發展比較有信心的時候，也就比較能確認安全邊際，所以敢於一次購足，而且能夠抱得住好股票。

不隨便下注，卻敢於下重注，尤其是敢於對安全邊際很大的個股下重注，然後心情依然保持十分平靜，無論買進之後股價如何變化，都不會影響我的判斷，這應該是我這幾年最大的進步。我經歷過許多次買進之後股價繼續下跌一大段，但我心裡仍舊認為自己已經獲利，只是等待實現罷了，所以心情絲毫不受影響，因為我有自己對公司的內在評價，以遠低於這個內在評價的價格買進，我非常有信心，完全不會擔心股價下跌。

事實上，股價下跌是好事，因為可以累積更多數量，最後的報酬會更令人滿意。對於確認安全邊際很大的個股，買進之後，股價若持續下跌，能夠面不改色，心情也沒有任何起伏，除了持續加碼，平時吃飯睡覺一切沒變的投資人，才是高手！

第9章

眼光放遠

在股市裡，大部分人每天汲汲營營追求短期的蠅頭小利，看著每分每秒股價的變動，投資人對於持股的耐心，似乎也短到以分鐘計。最好買進之後的幾分鐘內，就能以更高的價格賣出，每天大量的當沖客，在股市裡面沖來沖去好不刺激。

價值投資者不好此道，當別人把目光愈看愈短淺時，我們卻持續要求自己把目光儘量放遠，如果某家公司我們能大致看到1年後的光景，就不會只關心明天的股價。如果另一家公司我們能看到5年後模糊的影像，我們就不會在意下個月的營收。「人無遠慮，必有近憂。」這是我一直有來深信不移的道理，在投資世界裡面，看得遠、想得深的人，最後成功的機會肯定比較高。

• 價值投資五年有感

我從 2012 年 10 月開始個人的價值投資生涯，到現在即將滿 6 年，2017年我在部落格寫下一篇文章，紀念價值投資屆滿 5 年，文章如下：

今年是我開始投資以來第五年，也是我採取價值投資法以來的第五年，有一些不小的感觸。由於我深受菲利浦．費雪（Philip A. Fisher）《非常潛力股》這本投資經典的影響，一直採取深入研究個股，一旦決定投資就不會輕易賣出的策略。《非常潛力股》也是我反覆閱讀最多遍的一本書。書中我印象最深刻的一段話：「如果當初買進個股時，事情做得很正確，則賣出時機是——幾乎永遠不會到來。」費雪在書中提到很多次，他從來沒看過有人能在賣出持股之後，還能用更低的價格買回

來。過去幾年，我對於這段話一直很疑惑，大部分人投資股票就是買低賣高，當他們賣出股票之後，如果股價跌回賣出的價格，不是很有可能買回來再操作一次嗎？直到最近，我才突然有很深的感悟，這個感悟或許不是費雪的原意，但至少是我個人的體悟。

我認為，

一、如果投資人花了非常多的心力，深入研究一家公司，對它的競爭力很有信心，前景十分看好。那麼當價格上漲的時候，除非是漲到不合理的天價，否則很難把它賣出。因為這是花費極大心力才找到的標的，對於它前景十分看好。在這種情況下，投資人最擔心的不是股價下跌來不及賣出，而是賣出之後買不回來。也就是說，對於這樣一位投資人來說，寧可承受錯失波段利益的風險，也不願承擔失去一家前景看好的好公司的風險。

二、如果投資人並沒有花費大量心力在一家公司，對於這家公司的信心也不是非常足夠，則很有可能在股價上漲的時候先行賣出持股，期待股價下跌的時候再買進。但因為對公司並沒有足夠信心，當股價真的下跌時，又開始疑神疑鬼，擔心是否公司競爭力不足，又或者是否有其他事件會造成股價持續下跌，於是始終處於觀望狀態，不敢買進。直到股價開始上漲，又擔心追高，所以終究無法買回原先的持股。

三、如果投資人根本沒有做任何研究，只因為某些根本站不住腳的理由，買進某家公司股份。當股價上漲之後賣出，實現了獲利，之後股價跌回來的時候又買進，但這次卻停損出場，整個過程完全就是運氣。這樣的投資人其實也沒什麼好討論的，因為他雖然可能在賣出持股之後，還能再更便宜的價格買進，但因為完全沒做功課，之後很可能又以更低的價格停損出場。所以長期下來，這樣的投資人絕對是輸多贏少

最後，讓我引用《非常潛力股》的一段話作為結尾：

投資人如何曉得何時應買回股票？理論上，應在即將出現的跌勢之後買回。但是這無異於事先假定投資人知道跌勢何時結束。我看過很多投資人，因為憂慮空頭市場將來，而脫售未來幾年將有龐大漲幅的持股。結果，空頭市場往往未現身，股市一路扶搖直上。空頭市場果真來臨時，我從未看過買回相同股票的投資人，能在當初賣價以下買得。通常股價實際上沒跌那麼多，他卻還在苦苦等候股價跌得更深。或者，股價的確一路下挫，他們卻因為憂慮別的事情發生，一直沒有買回。

當時這篇文章，我把重點放在堅持持有長期看好的股票這點，但其實我真正想說的是，價值投資 5 年以來，我學到最重要的事情之一，就是把眼光放遠。巴菲特說：「如果你不願意持有一檔股票 10 年，那最好連 10 分鐘也不要持有。」

我聽了很受感動，股神之所以和我們魯蛇不同，其中一點就是股神的眼光看得夠長遠。這不是什麼了不起的領悟，但是當股市裡面大部分人都在時刻關注公司股價變化時，卻堅持投資應該把眼光放遠，也算異類了。台股一天漲跌幅就可能達到 10％，如果一天之內買進又賣出，有時候甚至可以獲利 10％以上，既然如此，何必在意 1 年後，甚至數年後的未來會怎麼樣呢？

理由很簡單，因為那不是投資，而是賭博，除了賭神之外，有多少人能在賭桌上占到便宜呢？況且賭神為了一場重要的賭局，可以布局 1 年之久，可見即使是賭博，想要提高勝率，眼光也是必須放遠的。

菲利普・費雪的《非常潛力股》是我最喜歡的一本投資經典，影響我的

投資觀點很大。費雪被稱為成長股投資之父,我卻打從骨子裡就是價值股投資人,乍看之下似乎有點矛盾。其實雖然我不買高本益比的熱門成長股,但這只是投資偏好不同,書中提出的許多真知灼見,對於任何投資人都是適用的。例如書中提到:

一、由於商業景氣循環反覆無常,所以要判斷營業額有無成長,應該以好幾年為一個單位。

二、想要獲得最高利潤的投資人,應留意在盈餘上眼光放遠的公司。

三、如果投資人只找傑出的公司投資,則真正要緊的是這家公司的現金加上進一步借款的能力,是否足以應付未來幾年的需求。

這三點其實可以說都在講同一件事:「投資人應該把眼光放遠。」

這就是《非常潛力股》這本書對我的最大影響。就像登山一樣,每當登山愛好者成功攀登一座山峰,就會想著再登上更高的山峰。關於投資,我每天只想著一件事:「我是否還可以再看得更遠一點。」以此為出發點,再考量本身個性,自然就形成了我現在的投資哲學和策略。

例如,我喜歡發展大趨勢相當確定的產業,因此自然比較容易看遠一點,也因此我堅持長期持有某些標的,不願意為了一點價差而輕易賣出持股。在股票市場裡,大部分人都把眼光放在幾個月甚至幾個星期內,費雪看的卻是幾年甚至幾十年後,真是令人佩服。

一家公司從開始研發,到推出新產品,並小量試產,到最後上產線量產。從積極拜訪客戶,送樣品給客戶認證,到最後終於接到訂單並貢獻營收,整

個過程必定需要投入相當的資源，並且需要時間發酵，雖然具體時程因不同公司而異，但肯定不是一朝一夕的事。投資人卻指望買進股票之後，立刻看見股價上漲，這在邏輯上就是根本毫無道理。許多人由於不耐久候，也不願意投入時間學習相關商業知識，於是選擇以技術分析做為投資依據，然而這種捨本逐末的方式，根本和公司經營的本質相悖，即使偶而見效，也不可能持續療效，所以長期來看，終究無法獲得令人滿意的績效。

一名優秀的價值投資者，眼光會看得比較遠，不會被短期的股價波動所干擾，而影響本身對於公司價值的判斷。他了解即使再出色的成長型公司，也不能期望每年的營收都高於前 1 年，商業的錯綜複雜，以及新產品行銷等問題，往往會導致營收成長趨勢出現不規則的忽起忽落現象。再加上商業景氣的波動循環，想要營收年年穩定的成長，簡直難如登天，根本不切實際。

有些公司甚至為了迎合市場，而刻意做出符合市場期待的成長曲線，這類財務造假的公司，最後終究紙包不住火，直到東窗事發，投資人才發現先前所有的成長都是南柯一夢，所有獲利都是海市蜃樓，原本看起來強大的企業集團，都在談笑間檣櫓灰飛煙滅。其中最有名的例子，大概就是美國安隆案（Enron Corporation），有興趣的人可以自行上網搜尋相關資料。

因此，**優秀的投資人不會以季為基礎來判斷公司有無成長，他甚至也不會以年為單位，而是會以好幾年為一個單位。也正因為如此，他不會因為某家長期前景看好的公司某年營收下滑，就改變看法賣出持股，只要當初評價公司的根本因素不變，就會繼續持有，甚至逢低加碼，一切就是這麼單純，這麼從容，真的不需要時時緊盯股價，也不應該要求營收永不間斷的成長。**

很多人總是習慣神話市場先生，但其實市場先生是一個大近視，而且還

很健忘，否則怎麼會時常出現大漲之後立刻大跌，或者大跌之後又立刻大漲這種無厘頭的行為。投資人之所以會覺得市場很神，股價總是提前反應，其實一切只是因為自己比市場更短視，也更健忘，從來不會記取過往的教訓的緣故。如果想要擊敗市場，我們要做的事很簡單，一是不要神話市場，二是把眼光放遠，三是多讀歷史，因為歷史總是一再重演，市場總是給投資人很多機會！

• 成長的風險

一家公司如果短視近利，急著把眼前看見的利益都吃下來，卻忽略了及早布局未來的市場，或者不願意花錢投資以提升競爭力，又或者急於快速成長卻忽略了風險，這樣的公司肯定走不遠。雖然某幾年可能大放異彩，但很快就會無以為繼，對投資人來說就像裹著糖衣的毒藥，是最容易套牢的股票類型之一。

大部分的人都希望投資的公司快速成長，但很少人想過成長本身就是一個風險，尤其成長速度愈快風險愈大。舉例來說，當一家公司業績大幅成長，產品供不應求，於是決定擴產，產業成長速度愈快，廠商擴產的速度可能也愈快，資本支出也就愈多，這時候大部分公司都需要對外融資。於是公司可能面臨以下幾種常見的風險：

一、等到工廠蓋好，產能開出，結果發現因為其他廠商也大肆擴產，或者景氣急轉直下，本來供不應求的產品，突然變成供過於求。於是產品單價大幅下滑，廠商甚至可能賠本求售。結果廠商新增的產能面臨閒置，新招募的員工也變成公司負擔，資產負債表迅速惡化，嚴重者甚至可能發生財務危機。這可能是最差的狀況，但卻不是很罕見的狀況。

　　例如中石化（1314）在2009年金融海嘯過後，因應景氣回升而擴大產能，結果卻因為中國廠商也大舉擴產，導致供過於求，2011年營收創高之後，隨即迎來連續5年的大幅衰退，直到2017年才終於回升，如下圖。

圖 9-1 中石化（1314）歷年營收（2009～2017）

資料來源：財報狗

　　二、產能開出之後，產品還是供不應求，業績扶搖直上，廠商決定繼續擴產。這時候原先擴產可能已經舉債，營收大幅成長代表又有大筆資金積壓在存貨和應收帳款上面，雖然帳面獲利大幅增加，但是公司手頭上非常缺現金。現在持續擴產的決定必然需要擴大舉債，可能造成公司面臨流動性風險，嚴重者同樣可能發生財務危機。所以並非虧損的企業才可能倒閉，有時候賺錢的企業倒得更快，就是因為沒有做好風險控管。

　　青雲（5386）在 2017 年營收大幅成長一倍以上，公司為了應付大量訂單而急需周轉資金，於是大舉增加短期借款因應，負債比在 2018 年第一季已經達到 82.5％，帳上資金幾乎全數積壓在應收帳款和存貨上面，兩者相加占總資產比重已經高達 84％。此時只要稍有客戶拖延帳款，對公司就是很大的壓力，雖然近期獲利和股價都大爆發，但其實潛在風險不小，投資人必須小心謹慎。

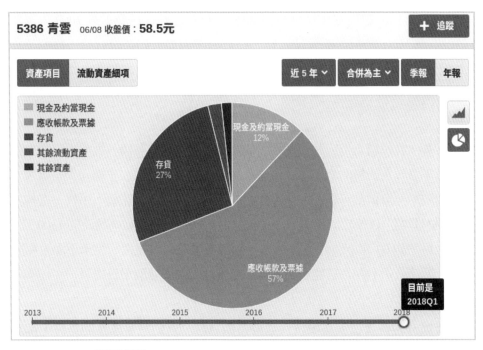

圖 9-2　青雲（5386）2018 年第一季歷年資產項目

資料來源：財報狗

　　三、公司體質良好，財務穩健，擴產並沒有對公司財務造成太大的負擔，公司持續快速成長。這時候許多經營者會發現，公司什麼都缺，就是不缺客戶。隨著公司客戶愈來愈多，自然需要更多的人力，但由於成長實在太快，內部培養人才速度跟不上，外部招募也不容易很快找到大量合適的人才。結

果可能造成客戶滿意度下滑，公司內部出現各種混亂。這種情形最容易出現在快速成長的中小企業，因為這些公司，無論在制度上還是人才培養上，都還沒有做好準備。

例如宏達電（2498）就是很好的例子。2011 年，宏達電全年營收成長近七成，面對市場大幅成長，為了因應應接不暇的市場需求，每個月推出一款新產品，員工人數也在 1 年多內從 8 千多人一口氣成長到 1 萬 7000 人，組織膨脹了一倍。結果內部管理大亂，在機海戰術如火如荼進行時，每個工程師身上至少都背著 3 個以上的案子，但專案管理不但要做苦工，待遇與能見度都沒有研發端來得好，變成所有人都去搶研發，不想做專案。

另外，宏達電為了因應快速擴大的國際市場，再外聘請一批前索尼愛立信中高階主管，希望幫助宏達電做全球布局。結果這些外部人才進入宏達電後，遇見問題的典型做法，是花大錢聘請顧問公司、買公司，花錢不手軟。這些內部管理的問題，最後也間接導致宏達電兵敗如山倒，股價從高峰時的 1300 元，崩跌至目前的 60 元，跌幅超過 95％，到現在都還有宏達電的股東不願意認賠賣出，期待公司有朝一日能重回高峰，希望他們的夢想能早日成真。

大部分經營者都很難抵抗快速成長的誘惑，只幻想著成長的美好，卻忽略了成長的風險。公司確實需要成長，但是如何穩健的成長可能更加重要。穩健的成長並不一定就是緩慢成長，而是要儘可能讓企業在成長的同時，也能夠儘量降低風險。 有些公司高瞻遠矚，長期經營良好，糧草充足兵多將廣，這樣的公司就比較有能力快速成長，因為他們已經做好了準備，例如台積電（2330）和大立光（3008）就屬於這種企業。然而對於其他大部分企業來說，還是應該根據自身狀況，採取穩健擴張的策略，風險才會比較低，公司也比較能夠走的遠。

● 絕不炒短線

自從投資以來，因為堅持長期投資，只要股價沒有明顯高估，我不會輕易賣股，有時候自然會遇到股價漲了一大段，後來又跌一大段的情況。於是三不五時總會有人質疑我（尤其是長輩），為什麼不在高點賣出，低點再買回來呢？我的回答是：

一、所謂的高低點都是事後來看，當下是很難判斷的。如果可以事先知道哪裡是高點，哪裡是低點，那我當然很樂意低買高賣，笨蛋才會長期持有。

二、由於用心經營的公司，長期來看有一定的軌跡，公司價值也有一定的客觀依據，只要深入研究，了解公司的價值，長期投資我是比較有信心的。相反地，短期股價波動難以預料，至今沒有看過任何關於短線操作合理的理論依據，所以對於賺短期價差比較沒信心。

三、對於經過深入研究長期看好的標的，與其殺雞取卵賺價差，不如長期持有把雞養大。其實這很弔詭，如果只是為了賺短期價差，大概不會願意付出太多時間心力，做深入的研究和分析，但如果研究的不夠深入，又如何有信心能夠買低賣高？如果研究足夠深入，對於公司長期看好，又怎麼會輕易賣出持股？把長期看好的公司賣出，要承擔買不回來的風險。我寧願沒賺到短期價差，也不願意承擔這風險。

四、那些所謂的高點，在我看來都沒有偏離內在價值太多，時間拉長來看，都只是短期的波動罷了。如果心中沒有任何關於價值的判斷，那麼根本不可能把投資做好，既然對公司做了一個評價，那麼只要股價沒有超過太多，實在不需要急著賣股。

五、如果我真的在短期高點賣出持股，這些取回的現金時常沒有更好的用途，為了不讓資金停泊無法創造獲利，白白浪費機會成本，這樣的想法可能導致為了買股而買股，而降低安全邊際，與其如此，不如將資金繼續配置在前景持續看好的標的上。

六、我的投資組合裡面的公司，都是經過千辛萬苦，努力研究之後才決定長期投資的。若要做短線賺價差，那還不如去研究技術面和籌碼面還比較輕鬆（也比較容易虧錢就是了）。

以上是我不炒短線的原因，我自認算是相當理性的分析，但人並不完全是理性的，有時候我還是會出現想炒短線的念頭，我說服自己的理由通常是：「我覺得這個機會很好，雖然我大部分都做長期投資，但偶而賺一點短期價差，也有助於資產的快速累積，可以更快達成財富自由的目的。」說的冠冕堂皇，其實說穿了，就是想賺快錢。

2016 年 3 月中我決定做一次短線，當時金洲（4417）尚未公布 2015 年年報，但根據已公布的營收，可推測全年 EPS 約 3.5 元，股價當時是 33 元左右。後來公司先公布了 2015 年董事酬勞，由於公司章程明定董事酬勞不高於當年度稅後淨利的 3%，於是我可以反推公司稅後淨利至少在 4 元以上。我當時覺得這獲利應該是優於預期，公布之後股價應該會漲一波，是一個做短線的好機會。

於是 33.3 元買進，計畫在 40 元左右賣出。沒想到人算不如天算，因為 2015 底公司法修改後，董事酬勞變成是以稅前淨利計算，結果金洲 2015 年 EPS 果然是符合預期的 3.5 元左右，後來股價不但沒漲，還一路跌破 30 元。由於金洲本來就是我長期投資的標的，我對它的競爭力有信心，加上我本來

就預期隨著魚價回升，金洲的業績也會跟著回升，股價遲早會漲到合理的價位，所以也就繼續持有，等待賣點。後來我在 39.1 元的價格賣出當初因為錯誤的理由買進的數量。結果是持有兩個半月的時間，獲利 17.4%，雖然是可以接受的結果，但過程真是不太舒適，因為每天都希望股價趕快漲，跟我長期投資希望股價盡量不要漲的心態剛好相反。

如果我沒有實際去做短線操作，即使再怎麼理性分析，我大概也很難分析出短線操作對於心態上的影響其實相當大，就像小孩沒有被燙過，大人再怎麼形容，還是難以體會燙傷的感覺，只有自己伸手摸了湯鍋，才會了解被燙的痛處。當時那短短的兩個半月，我就像小孩被燙傷那樣痛苦，並且銘記在心，以後絕對不敢再做短線了。但其實說來也奇怪，當我以長期投資的心態持有股票時，即使股價腰斬，我的心情依然平靜無波，為何當想著短線操作時，竟然無法忍受 10% 的跌幅？人就是這麼奇怪的動物。

我不只不喜歡炒短線，我甚至不希望股價上漲，我希望我投資的公司股價都不要上漲，只要業績持續提升就好了。如此一來，我就可以持續用很低的成本，買進優質的資產，領取的股利也會年年提升。但是一家獲利持續成長的公司，即使再怎麼冷門，股價終究還是會反映內在價值，所以最後我就可以股利價差兩頭賺，這就是我心目中的完美投資。

居易（6216）每年幾乎將所有可分配盈餘分配給股東，以我買進的平均成本計算，過去兩年現金股利殖利率都超過 10%，2018 年將是我領取居易股利的第六年，領的是 2017 年盈餘分配的現金股利。雖然 2018 年股利因為 2017 年獲利下滑而減少，但過去 5 年居易發放的現金股利年年成長，一路從 2012 年的 1.36 元，成長至 2016 年的 2.69 元，足足成長了一倍。以我買進的成本計算，也許再過幾年，殖利率甚至可以高達人人喊打的 18%。有這麼高

的殖利率，誰還會擔心股價不漲呢？反倒是擔心股價上漲吧。

實際上股價當然是跟著獲利上漲，若以我最初買進的成本計算，2018 年的殖利率已經接近 18%。只是後來股價上漲，平均成本也就持續提高，這讓我相當苦惱，所以我是真心希望股價不要上漲的。

• 散戶的優勢

在股票市場裡，大部分散戶似乎總是難逃「人為刀俎，我為魚肉」的宿命，而且散戶本身似乎也認為相較於大戶法人，自己完全屬於弱勢，既沒有大戶的資金，也沒有法人的專業，更沒有那條據說可以直達天廳的電話線。法人分析師三天兩頭拜訪上市公司，直接取得第一手資料，散戶卻只能拚命追蹤投顧老師，祈求老師報一些明牌，讓自己也能賺一些買菜錢。其實我覺得這些想法都太過妄自菲薄了，散戶只看到自身的缺點和法人的優點，卻看不到自己的優勢和法人的劣勢，這樣當然不可能在股市取得滿意的績效。

什麼是散戶的優勢呢？說真的，我認為散戶的優勢可大了，大戶法人的優勢相對於他們自身的劣勢而言，根本不足為道。首先，**散戶最大的優勢就在於不需要在意短期績效，可以把眼光儘量放遠。法人因為客戶壓力，以及時時刻刻的績效評比，總是以非常短期的思維進出，很少有比較長遠的眼光。**

當股市熱絡來到高點的時候，總是會出現更多的人投資基金，為了符合基金的持股比重限制，經理人只能在最不應該加碼的時候被迫加碼，等於是被迫追高。相反地，當股市來到低點，投資人紛紛將資金贖回，經理人又被迫在最不應該減碼的時候減碼，等於是被迫殺低。這些因素造就了超過九成

以上的基金長期績效都落後於大盤。於是很多被動投資的支持者，都樂於引用這數據，鼓吹大家應該選擇被動投資。

我認為被動投資確實適合大部分散戶投資人，但是我不認為這數據有足夠的說服力，因為它只統計基金的表現，而基金經理人受到的限制太多，長期來說，落後大盤幾乎是肯定的。那些廣告文宣，宣傳基金公司內部有多少研究團隊，多少先進電腦設備，多麼專業的分析能力，在被迫短視的限制條件之下，根本毫無用武之力。

反觀散戶則完全沒有這些限制，我們可以在一檔十分看好的個股重壓50％的資金，即使股價已經上漲 50％，還是可以不予理會繼續持有。我們也可以在股價下跌 20％還繼續加碼，即使會造成當期績效不佳也沒有人會打電話來抗議。我們可以不用因為在意流動性而強迫自己買進熱門股，所謂人多的地方不要去，專注在乏人問津的冷門股當中找到價值遭到大幅低估的公司，是散戶致勝的法寶之一。我們也可以隔絕眾多雜訊，不要理會市場各式流言蜚語，專注在公司本身，深陷各種雜訊無法脫身是許多投資人失敗的重要原因。最重要的是，我們可以不用像基金法人那樣被迫短視，用長遠的眼光來看待投資，絕對是最大的利器。

許多散戶投資績效不佳，他們認為原因出在找不到明牌，其實即使報給他們一家 1 年內股價可以上漲 50％以上的公司，他們也不見得能夠獲利，甚至可能大虧。

若某兩人同時在 2015 年第二季到第三季之間，以每股 40 元買進勤誠（8210）股票，其中一人可能在 2015 年第三季以 30 元左右的價格賣出，虧損 25％；另一人則在 2016 年第二季以 60 元左右價格賣出，獲利 50％。這

個例子絕對不是我亂掰出來的，我就是在 2014 年以每股 33 元價格買進，持有 4 年，最後在股價 58 元左右賣出，不計股利獲利 76％。

　　我買進之後股價先是一陣飆漲，最高超過 70 元，然後又一路下跌，最低跌破 30 元，然後又是一陣大漲，最後賣在 58 元，過程猶如雲霄飛車上沖下洗，但是對我來說都只是短期波動罷了，我先是在股價上漲一倍的時候繼續持有，不會有人干涉，之後股價回跌也不會有人打電話來抗議。後來股價暴跌至 30 元以下，過程中我仍舊繼續持有，沒有任何動作，也沒有人會逼迫我賣出持股。整個持有的過程，我的眼睛一直都是盯著公司本身的競爭力，看的是比較長遠的東西，而不是短期獲利的波動，更不是股價的波動，這就是我身為散戶的重大優勢。

　　基金法人恐怕很難不在意股價波動，不容易長期持有，甚至也不容易買低賣高，因為他們在低點時害怕股價繼續下跌，在高點時又擔心股價繼續上漲，自己若不趕緊買進，績效恐怕會落後其他同行。當然，勤誠不是大公司，比較不容易吸引法人，但只要換一家熱門一點的大公司，上面這段敘述仍舊有效。

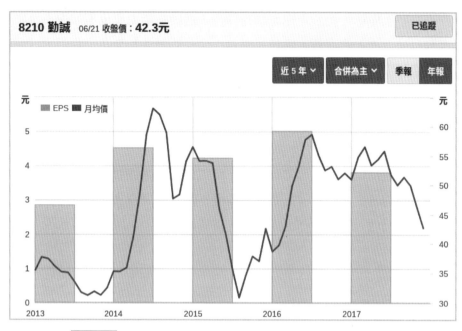

圖 9-3 勤誠（8210）EPS 與股價走勢（2013 ～ 2017）

資料來源：財報狗

　　也許會有人看圖說故事，認為我沒有在 2014 年股價高點先行賣出是個錯誤，沒錯，事後來看確實是個錯誤，但是當時誰能預料股價之後竟然會暴跌至 30 元以下呢？尤其當時公司獲利並沒有明顯下滑，競爭力也沒有任何衰退跡象，如果賣出的理由只是因為股價上漲 50％，這樣根本不能夠稱為進退有據，反而是毫無章法，這樣的投資人是不可能抱住可以提供數倍報酬率的好股票的，也就浪費了散戶最大的優勢。**有太多散戶不僅白白浪費自身優勢，反而還拚命學習法人的弱勢，拚命追逐短期績效，在所有資訊都落後的情況下，這種做法當然只有任人宰割的份了。**

　　有許多投資人喜歡投資大型企業，認為大型企業比較安全，也比較有競爭力，其實大型企業本身也有不少缺點，包袱重轉身難就是其中之一，每當

遇到產業發生變革，大公司總是缺乏彈性，適應的能力反倒不如中小企業。其實散戶缺乏法人的資源，應該要學習小公司的彈性和專注，我們可以深耕少數幾檔個股，儘可能把它們研究透徹，當股價出現相當的安全邊際，壓重注買進就對了，不要一直東張西望，看見其他人的股票上漲，自己的文風不動，就三心兩意，不停的轉換持股，這樣肯定不會有好的結果。

　　一般的散戶投資人，通常有一份正職工作，利用閒錢投資，沒有那麼多時間心力同時研究太多個股，我覺得他們不應該像個獵人，到處尋找獵物，而是找一小塊地，好好地在上面耕耘，時間拉長，一小塊地也能產生非常豐厚的利潤。

● 投資有遠見的公司

　　投資人必須把眼光放遠，選擇那些長期前景良好的公司投資，想要找到一家長期前景良好的公司，需要考慮的層面當然很廣，但可以想像的是，至少公司的經營者必須有遠見，對公司有願景，能夠做出正確的決策，帶領公司朝著正確的方向前進。一家短視近利的公司，我絕對是避之唯恐不及。蘋果在早期一段沒有賈伯斯的日子，所有決策都只想著賺到每一分錢，結果是把公司搞到瀕臨破產。賈伯斯回鍋之後，所做的所有決策，都是以提升使用者體驗為重點，甚至因此造成製造和研發成本大增，乍看之下似乎與拯救公司的任務背道而馳。結果卻是推出一個又一個劃時代產品，將蘋果從瀕死公司轉變成偉大企業。

　　亞馬遜公司的創辦人貝佐斯，向來以眼光長遠著稱，他甚至花費約 4200 萬美元，在美國德州一座山的內部建造「1 秒」相當於「1 年」，可以運

行 1 萬年的「萬年鐘」，希望能鼓勵人們進行目光長遠的思考。最近台灣 PChome 創辦人詹宏志先生給了一場演講，內容提到：

　　早期亞馬遜寄第一本書到海外的國際運費是 4.95 美元，但是第二本以後降到 1.95 美元。當時的他也沒看懂 Amazon 為什麼要這樣，這不是虧錢的嗎？因為他知道有些郵購業者會故意把商品單價設低，接近零毛利，然後用郵資去賺錢。而 Amazon 這樣做很顯然不會賺錢，那為的是什麼？後來他從一個訪問中得到答案，而這個答案也成了他日後發展電商的重大觀念。當時亞馬遜已經打敗所有線上對手，也讓原本的實體書店們都關門大吉了。有個記者就問貝佐斯，他已經是第一名了，為什麼還要繼續補貼運費？貝佐斯說，他的對手不是其他電商或實體書店，而是人們的行為。當時人們對於網路購物還有點恐懼，只要人們有這樣的恐懼，我的服務再好運送再快價格再低，人們就是不會在我網站上買東西。所以我必須要有實質的動作去降低這個心理障礙，運費補貼就是最直接的做法。

　　以現在後見之明回頭看，真是有遠見，不是嗎？

　　因此，經營者是否有遠見，這點一直是我選股的重要條件之一。但是應該如何判斷呢？我的做法是，一方面檢視公司過去所做的重大決策，以後見之明來看，是否具有遠見。另一方面則是以經營者的角度，思考公司現階段做的重大決策，眼光是否長遠。先見之明雖不容易，但事後諸葛並不難。投資人應該好好研究一家公司過往歷史，判斷經營者是否具有遠見。依據人的習慣不容易改變這個道理，我們有理由相信，過去有遠見的經營者，傾向繼續做出有遠見的決策。過去短視近利者，未來很可能繼續如此。我們當然選擇前者。

　　舉例來說，1990 年代初期，台塑（1301）於德州建廠後，第一期建廠時，自來水公司問台塑要建直徑多少寸的水管，底下工程師都說 20 寸、25 寸就好，但是被譽為經營之神的台塑創辦人王永慶先生，卻立刻拍板要建直徑 36 寸的水管，工程師都覺得相當驚訝，後來證明果然需要這麼粗的水管，可見王永慶眼光確實看得很遠，後來整個台塑集團的發展，獲得極大的成功，絕對和王永慶的遠見有很大的關係。

　　也許有人會說，1990 年代也離現在太遙遠了，而且誰會知道這些事蹟呢？說得沒錯，那個年代資訊來源很少，要判斷一位經營者是否具有遠見或許並不容易，但現在就不同了，現在是網路時代，要檢視經營者是否具有遠見，絕對比以往更加容易。例如我們可以參考新聞媒體的報導，下面這段關於台灣專營髮飾、梳鏡、珠寶等買賣之貿易商弘帆（8433）的文字，是節錄自《財訊》於 2016 年發布的一篇報導：

　　2007 年弘帆花了 2 億元人民幣在中國廣東東莞買下 12 萬平方公尺的土地，造了一個工業園區，包括廠房、辦公室與宿舍，以很低的租金承租給上游廠商，把這些主力供應商集中在一起。中國的油價貴台灣三成，距離又遠，最貴的交通運輸成本於是大幅降低；由於廠房現代化，工廠進駐後，也順利達到歐美知名品牌驗廠的要求。更重要的是，弘帆給這些工廠設計與訂單，教育工廠怎麼做管理、計算成本，協助工廠提升技術與品質；這就是弘帆的毛利能較一般貿易商高出許多的關鍵。「因為我們賺的是智慧財、管理財。」朱鵬飛指出，2015 年弘帆業績成長超過二成，費用卻幾乎沒有增加；弘帆的強項，就在於管理做得很「到位」。

　　會造工業園區是有原因的。朱鵬飛回憶，以往每每去市場買布料，賣布的都嗤之以鼻，成衣為大，看不起做髮飾的。「我們這個行業的宿命就是小小的、被人瞧不起的，上游廠商都是在鄉野林間、要不就躲在

住宅區裡，又小又亂，上不了檯面。」當時他就有一個想法，這個行業難道不能擺脫這樣的宿命嗎？一定要站起來爭一口氣。而後客戶的一通電話，更催生了這個業界第一大的工業園區。當時弘帆有一家大客戶是美國進口商，沃爾瑪要求這位客戶降價，否則就要直接找上供應商弘帆。客戶來電求救，朱鵬飛對客戶說，「如果今天沃爾瑪跳過你來找我，明天你就跳過我去找我的工廠，這個市場就亂了。其實沃爾瑪早就來找過我了，我說 NO，但是他可能會去找別人，這樣我們只能抱在一起死。」於是朱鵬飛買了地、做了工業園區，把工廠整合起來、降低成本；「工廠都能得到很好的照顧，業績也蒸蒸日上，回頭看當時這個決定是正確的。」

從上面這段文字可以看到，弘帆董事長朱鵬飛的遠見，如果當初跳過美國進口商，直接出貨給沃爾瑪，短期來說，弘帆或許可以獲得更多利益，但是長遠來看，就如同朱董事長所言，整個市場就亂了。朱董不但沒有被短期利益誘惑，拋棄貿易夥伴，反而花大錢買地造出一個工業園區，把供應商集中在一起管理，形成一個堅強的團隊，未來可以走得更長久。

除了從新聞媒體文章來判斷之外，我最常使用的資訊來源還是可以輕易取得的公司年報，這大大降低我們檢驗經營者的困難，我們可以把過去 10 年，甚至 20 年年報面的致股東報告書和營運概況好好讀一遍，就可以輕易的運用後見之明，來評價公司經營者是否具有遠見，同時也可以檢驗公司是否認真執行所提出來的營業計畫。舉例來說，我在閱讀了新巨（2420）至少 10 年以上的年報之後，我做了一點整理，並寫下以下文字：

最近反覆閱讀新巨（2420）近 10 年年報的致股東報告書，主要目的是判斷經營階層是否理性，同時也可以多方檢驗其誠信。我發現至少近 10 年來，公司的說法相當一致，而且確實有看見成效。

一、新巨幾乎每年都重申致力企業內部資源整合，並力行開源節流，對各項費用嚴格把關，以降低成本，避免不必要浪費。這點可以從近幾年的毛利率持續提升看出，如下圖。

毛利率的大幅提升要完全來自產品組合改善並不容易，公司努力降低成本一定也是重要原因。我認為這點非常重要，任何嚴控成本的企業（當然不能用剝削員工的方式），我都予以肯定。

這就像習慣一樣，一家公司如果養成了節儉的習慣，就很可能持續節儉，反之亦然。更重要的是，面對激烈競爭，企業必須在各方面提高競爭力，能夠嚴格控制成本就是一個非常強的競爭力。這是一個需要紀律的事情，這點可以證明經營者的理性和決心，我認為用再多文字都難以說明我對這點的重視。

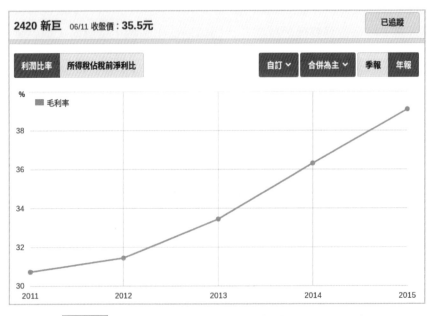

圖 9-4 新巨（2420）歷年利潤比率（2011 ～ 2015）

資料來源：財報狗

二、對於產品發展方向，公司也是做相當長遠的規劃，並且逐步實踐。微動開關方面，新巨最晚在 97 年年報就提到要拓展汽車領域，隨後每年都會提到。99 年又提到除原有汽車與家電市場的深耕外，更加強高安培數開關在節能市場及 2000 萬次超高壽命微動開關的滑鼠市場的開發。近期又打入中國 ETC 系統微動開關應用。也就是說，新巨是一步步拓展應用領域，先深耕汽車和家電領域，然後又擴展到高安培數開關、滑鼠以及 ETC。電源供應器方面，除了持續在伺服器市場推廣外，97 到 99 年年報都提到增加博奕系統、醫療系統及特殊用途等策略市場的發展。102、103 年提到以領先的高規格產品結合雲端設備和網安產業的發展趨勢，積極布局智慧城市 & 物聯網 & 雲端解決方案，包括智慧交通，智慧醫療，智慧工廠，智慧建築等等，並持續於車載市場中深耕。104 年則是主打 IPC 工業機器人領域的應用。下表為新巨主要產品用途：

主要產品	用途
微動開關	電話機、影印機、傳真機、檯燈、安全與監控系統、電動工具、商用小家電用品、家用小家電、電動玩具、碎紙機、電腦周邊（滑鼠、鍵盤或手寫版）、通訊裝置、電視遊樂器、健康器材、音響、汽車配件、熱水器、瓦斯爐、設備儀器、遙控器、小家電控制面板、汽車數位音響面板等產品。
交換式電源供應器	高階伺服器、高階工業用電腦、儲存器系統電腦、軍用規格電源供應器、醫療設備交換式電源供應器、備援式交換式電源供應器、刀鋒式伺服器及 LED 照明等。

表 9-1 新巨（2420）主要產品用途表

資料來源：新巨 104 年年報

可以看出一直以來新巨都是採取深耕原有領域,再一步步拓展新應用領域的策略,且都是主打利基型產品,避開紅海廝殺。雖然營收不容易擴大,卻較能確保獲利,這也是相當理性的策略。

三、新巨很重視自動化,很早就持續投入自動化生產設備,並且持續改良。同時強調台灣製造,很早就有根留台灣的計畫,並逐步排除阻礙。包括為了降低人力成本而投入自動化,以及透過不斷研發以提高技術能力,開發差異化產品,並且嚴格控管各項費用以降低成本。故新巨近年能夠增加台灣和美國廠產能,並且逐步降低大陸產能。這些作為都是為了根留台灣而做出的決策,否則無法和大陸設廠的對手競爭。近期大陸工資大幅上漲,經營環境惡化,許多台商陷入困境。新巨卻因為很早就看到此一趨勢,有計畫性的助步將產線移回台灣,可以看出經營者的理性思考與遠見。

綜上,我認為新巨經營者非常理性、有遠見且有決心,同時也看得出經營者的誠信,因為他們在年報提出的營運計畫和發展策略,基本上都有徹底執行。

在寫下這些文字的時候,我所有的資訊完全來自公司年報,只要看的時間足夠長,確實是可以看到過往公司發展的軌跡,以及經營者是否具備遠見的。以此為前提,若要更進一步,我們應該設法判斷當下公司的決策是否有遠見。這顯然困難許多,不但需要對產業有較深入的研究,還需要在眾多其他方面深思熟慮,不是一天兩天可以達成的。

然而我一直認為,一件事情值不值得去做,應該要看你的目的是什麼,困不困難不應該是最重要的考量。投資的目的是獲利,價值投資獲利的方法是評估企業的內在價值,那麼學習以經營者的角度,來判斷公司的決策是否

具備遠見，就變成是一件雖然困難卻非常值得做的事情。一旦達到這樣的境界，我相信，就會離股神更近一些了。

第 10 章

投資眼界

　　價值投資其實是一個終身學習的旅程，隨著持續不斷的學習進步，除了投資技巧的提升之外，更重要的是投資眼界的提升，這也是真正區分大師與凡人的關鍵。一個人無論投資技巧再怎麼高明，如果缺乏投資眼界，終究只能賺取蠅頭小利。投資技巧就像外在拳腳功夫，投資眼界則像內功，無論拳腳招式多麼華麗，沒有內功依舊只是花拳繡腿。然而外顯的招式容易練，內涵的功力卻難以學習，看不見摸不著，既難言傳也不容易身教，只能靠投資人自己努力揣摩了。

◦ 投資大師與菜鳥的分別

　　武俠小說裡面，高手隨便一個招式，背後暗藏能夠應付任何臨場狀況的大量變化。而初學者一招一式，往往是先預設了對手的反應，一旦對手出招不如預期，就容易慌了手腳。如果兩人分別在各自擂台使出同一招，而對手的反應也剛好都在預料之中，結果兩人都贏得比賽，這時候其實不容易看出誰才是真正的高手。假設現在股市大跌 1000 點，市場人心惶惶，兩人同時做出加碼的決定。結果沒多久股市不但反彈，指數甚至站上新高，兩人都獲得豐厚報酬，這時候同樣也不容易看出誰是大師，誰其實沒穿褲子。

　　武俠小說裡面的高手之所以為高手，是因為他們有能力應付各種臨場狀況。股市裡面的大師之所以為大師，是因為他們可以應付市場的各種變化。同樣是逢低進場加碼，但其實他們早已同時考慮到其他各種可能發生，卻沒有發生的另類事實。許多人決定投資某檔股票的時候，很可能只設想了一個劇本，那個劇本通常就是股價將會上漲，一旦實際結果沒有照著預設的劇本走，就容易慌了手腳。高明一點的投資人，可能設想了兩三套劇本，甚至評

估發生的機率，然後才根據這些機率做投資決策，然而即便如此，還是很可能發生意料之外的狀況。

真正的高手，在決定投資一檔股票之前，可能早已在腦海裡設想過數十種可能發生的狀況，並且一一評估發生的機率，以及發生之後對公司的影響，公司有多少能力應付等等。因此投資大師很少碰到真正讓他大感意外的發展，這並非指所有事情都在大師的意料之中，而是大部分可能發生的事情，大師都已經事先評估過。

「你又不是大師，你怎麼知道？」沒錯，我不是大師，所以上面寫的大部分只是我自己的想像罷了。巴菲特曾說過一個故事，每當他把投資想法告訴孟格時，孟格總是回應：「你瘋了嗎？這個投資有這個風險⋯⋯還有那個風險。」通常巴菲特都會放棄，但偶而他會回答：「我了解有這些風險，但我還是決定要投資。」孟格則總是回應：「如果你確定要投資，能不能讓我也加入？」

從這段對話，我可以想像兩位大師的思考，每當他們考慮做某項投資之前，必定做足風險評估，而風險評估和我前面說的，設想各種可能發生的劇本並評估發生機率，其實是同一件事情。我一直不認同以投資績效來判斷投資人是否優秀，尤其是短期績效，因為如果優異的績效是承擔高風險換來的，那可能也只是運氣好，沒有遇到足以滅頂的另類事實罷了。

就像玩俄羅斯輪盤，假設每扣 1 次扳機只要沒有擊發就能獲得 100 萬美金，某人扣了 5 次扳機都沒有擊發，瞬間就賺了 500 萬美金，我們能夠稱他為優秀投資人嗎？真正優秀的投資人，絕對是承受相對低的風險，卻賺取相對高的報酬，也就是儘量高的報酬／風險比。在第三章我提出風險等於無知

程度的觀點，其實和這裡說的也是同一件事情，一個人能夠設想的可能劇本愈多，並且根據不同劇本，都已經備好因應之道，自然無知程度愈低，承受的風險也就愈小。

我不是大師，我不知道大師到底是不是如我上面的想像，但我自己確實是這樣做的。舉例來說，我在決定投資耿鼎（1524）這家汽車鈑金廠商的時候，我做了不少分析，除了判斷它的護城河以及產業前景之外，我也評估了它的營運風險，最重要的可能當屬我在第四章的分析，我當時認為它已經發生根本性與結構性的改變，未來的毛利率可以維持，不會再回到過去15％以下會造成虧損的毛利率，因此以當時的價格來看，評估風險不大。最後真正決定下單買進之前，我又儘可能地提出各種可能發生的風險，然後一一評估發生機率，如下：

1. 火災

鈑金廠沒有太多易燃物，發生火災機率應該不大。

2. LKQ 終止合作

LKQ 是耿鼎最大客戶，占營收比重約30％。由於汽車零件售後市場台灣市占率八成，除了技術領先之外，彈性生產能力強，對客戶來說配合度高，產業進入障礙高，屬於寡占市場，我認為 LKQ 終止合作的機率不高。

3. 泡沫破裂景氣低迷

如果景氣低迷，人們縮衣節食，更可能採用副廠零件，也更可能選擇副廠的保險。雖然業績可能還是會受到衝擊，但影響應該相對原廠較小。

4. 銀行雨天收傘

耿鼎現金流充沛，如果遇到景氣低迷，車廠可能延緩推出新車，耿鼎只要降低資本支出即可，流動性應該不是問題。

5. 反托拉斯訴訟

先前有過教訓，公司只要小心行事，避免被抓到把柄，沒有聯合其他廠商的行為，公司也沒什麼理由低價傾銷，所以我覺得這個風險也不算大。

6. 環保公安

這個產業不算高汙染，環保問題還好。傳統產業工作環境比較惡劣，也比較容易發生公安意外，但公司持續引進自動化設備，應該有助於降低這方面風險，過去也沒有勞資糾紛的紀錄。

7. 關稅

這點是台廠劣勢，但 5% 的關稅障礙應該還可以克服，不過長遠還是要持續關注中國廠商的發展，畢竟用錢建築的障礙對他們來說可能不見得很高，但經驗的累積可能就沒那麼簡單。

8. 任何可能降低車禍的新科技

自動煞停系統，輔助駕駛，甚至自動駕駛。這些科技確實有可能逐步降低肇事率，但應該不會太快發生，如果肇事率開始出現下降趨勢，可能就要小心了。

9. 台幣大幅升值

這個風險始終都會存在，耿鼎有沒有能力反應在報價上，這同樣考驗耿鼎的不可取代性有多高，根據前面分析，目前看來耿鼎供應商的地位應該還蠻穩固的。另外，LKQ 有沒有能力漲價，我覺得有些空間，因為它的市占率超過 50%，加上副廠零件目前還比原廠便宜很多，所以台幣升值有機會轉嫁給最終消費者。

10. 原廠降價競爭

汽車原廠的成本結構，和耿鼎這類主打汽車售後市場的廠商很不一樣，汽車原廠、OEM 廠商以及通路都有自己的毛利要顧，再加上汽車業競爭非常激烈，已經是微利產業，原廠應該已經沒有什麼降價空間。

11. OEM 廠商切入 AM 市場

AM 廠商需要投資大量的模具設備，是資本密集產業，OEM 模具由汽車原廠提供，如果 OEM 要跳入 AM 市場，就必須自行開模，使得 OEM 並不容易切入 AM 市場。

以上我所設想各種可能發生的情況，我也都評估了發生機率，只差沒有辦法精準得出一個數字。上面這個例子也可以說明，我在研究任何一家公司的時候，都是始於風險評估，然後終於風險再評估。

現在再回到前例那兩位投資人，假設這次發生的不是股市反彈並站上新高。而是指數繼續下挫 2000 點，公司基本面全數轉壞，全世界經濟景氣一片低迷，市場上再也聽不見任何好消息，情況持續了兩年仍舊不見任何好轉。我相信這時候投資大師仍舊可以處之泰然，游刃有餘，因為他早已做好萬全準備，手上的投資組合抗震能力強，現金流也早有規劃，不會因為股市突然

崩盤,而被迫在低點賣股,也許他甚至還有能力逢低加碼。另一人呢?潮水退去,大概早已成為光屁股露鳥俠了。

面對可能持續多年的熊市,投資大師到底是如何應付我不知道,但我的做法其實很簡單。首先就是在選股下功夫,只買進具備長期競爭力,產品需求比較穩定,產業變化比較緩慢的公司,然後嚴格設定安全邊際,如此一來,當景氣轉衰,股價下跌,即使這些公司獲利不可避免也會隨著景氣衰退而下滑,只要仍舊能夠維持獲利,並持續配發股利,在不影響生活所需的前提下,基本上我就是抱著這些股票度過一個小小寒冬罷了。

這當中最重要的兩件事,一是選股,二是規劃現金流,選股一定要選擇財務健全穩定獲利的公司,不能夠選擇大起大落者,也不能選擇過分舉債經營的公司。規劃現金流更為重要,一定要有持續性的現金流,足以應付生活所需之外,還要能夠應付可能的突發狀況,千萬不能讓自己處於被迫賣股求現的境地。

如果能夠做到這些,我認為股市崩盤也好,長期熊市也罷,其實沒什麼好擔心的,因為我們本來就不是追求透過快速低買高賣致富,而是追求長期穩定的資產累積,手上持股股價下跌,不代表公司價值也下跌,時間拉長來看,只要公司持續獲利,我們的資產終究能夠穩定成長。對我來說,一切就是那麼單純,通常人們都是自己把事情複雜化的,我的做法只是恢復它原有的單純。

• 投資的確定性與不確定性

許多人以為在物理學裡面，某個事件會不會發生，都是 100％確定的。其實這是一個誤解，在近代物理的量子力學裡面，任何事件會不會發生，都是以機率來描述的。而且實際上幾乎沒有任何事件是 100％必然發生的。如果某件事情發生的機率足夠大，即使不是 100％，我們基本上還是可以當作這件事確定會發生。

上面這段描述，是否和投資有些類似呢？嚴格來說，投資沒有任何事是確定的，只能說有些事發生的機率比較高。如果某些事發生的機率夠高，就可以說有一定的確定性。例如崇友（4506）明年可以賣出多少新梯或許難以確定，但大約有多少維修收入可能就比較容易預估。某些依賴中國勞力，產品又比較低階的廠商，未來幾年產業景氣如何或許難以判斷，但人工成本快速提升，以及低階市場殺價競爭對獲利造成的衝擊，幾乎是可以確定的，電源供應器廠商全漢（3015）和康舒（6282）這幾年面臨的困境正是如此。

某些寡占市場，或許成長性不容易確定，但穩定獲利的能力卻是相對肯定的，例如中華食（4205）和花仙子（1730）分別在各自領域寡占了台灣市場。如果我們儘可能掌握這些確定性，同時降低不確定性，那麼投資成果的確定性自然會提升，不確定性降低，這樣的投資必然是穩健的，長期績效應該不至於太差。

然而，如果我們只能掌握這些相對容易確定的確定性，由於大部分人也都能掌握，所以投資績效可能也無法特別突出。所以優秀的投資人會思考更深，發掘出有價值又難以確定的確定性，這也就是橡樹資本管理公司（Oaktree Capital Management）董事長，霍華‧馬克斯（Howard Marks）講

的第二層思考。

有些公司過去因為某段時間密集的資本支出，造成後續每年折舊費用占營收比例較高，這類公司如果經過深入研究，發現後來的資本支出明顯下降，且逐漸穩定，營收也因為產業特性以及公司競爭力足夠，而可以合理預期將穩定提升。那麼接下來因為折舊費用下降以及營收成長，這一推一拉的雙重力量，幾乎可以肯定獲利必然成長。若買進的價格合理，那麼未來獲利的可能性相當高，同時風險相當低。

像這樣的確定性，並非任何人坐在書桌前，隨意想想就能夠得到結論。必須花費不少心力，深入研究公司財報，以及產業發展趨勢，然後整合眾多資訊，細細推敲才比較能夠確定，所以屬於第二層思考。

然而這尚屬於低端的確定性，因為潛在報酬不見得驚人。更高端的例子在巴菲特的投資裡面可以看到很多，例如可口可樂和美國運通。當巴菲特決定投資的時候，他就幾乎確定會獲得極大的報酬。以可口可樂這個經典案例來說，在《巴菲特的勝券在握之道》這本書裡有一段敘述：

1988 年秋天，可口可樂董事長唐納德·奇奧（Donald R·Keough）發現有人正在大量買進公司的股票。經歷了 1987 年股市崩盤，可口可樂的股價較崩盤前的高點低了 25％。但股價最後終於止跌，因為「有個神祕的投資人正在接收市場上釋出的股票。」當奇奧發現所有這些買單均來自中西部的經紀商時，他馬上想到他的朋友巴菲特，於是決定打個電話給他。

「嗨，華倫，最近在忙些什麼？」奇奧先打個招呼，然後接著說：「你不會正好在買可口可樂的股票吧？」巴菲特愣了一下，然後說：「是

啊，但在我揭露持股前，如果你能保持沉默的話，我將非常感激。」因為如果巴菲特收購可口可樂股票的消息傳出，就會有一大堆人搶著買，最後也會把股價推得更高，但他還沒有買足波克夏想持有的部位。

1989 年春天，波克夏海瑟威的股東終於得知，巴菲特總共花了 10 億 2000 萬美元購買可口可樂的股票，他拿出波克夏投資組合的三分之一賭在可口可樂上，而且現在擁有可口可樂 7% 的股票。這是巴菲特到此刻為止，為波克夏公司進行的最大一筆投資，也讓華爾街大感不解。為了一家賣汽水的百年老店，巴菲特竟然付出帳面價值的 5 倍、超出盈餘 15 倍的市場溢價去買股票。到底這位奧馬哈先知看到了什麼別人沒有看見的線索？

事後來看，巴菲特買進可口可樂 10 年後，原先投資的 10.2 億美元，價值已經飆到 116 億美元，獲利超過 10 倍。像這種同時包含確定性和極高的潛在報酬，這就是我所謂高端的確定性。低端的確定性只要夠努力，許多人應該都做得到。高端的確定性則需要更高的眼界，一般人不容易做到，我認為這會是一個從專家晉升成為大師的重要關卡。

也許有人會說，這不是什麼確定性，我們只是事後來看，巴菲特投資可口可樂大獲成功，於是把他神話了，也有可能發生其他可能發生卻沒有發生的另類事實，畢竟只要機率不是零，就有可能發生，不是嗎？沒錯，確實如此，但我前面也說，只要一件事發生的機率足夠大，就大致可以說具備確定性。

巴菲特當時投資可口可樂，在他看來就屬於具備高額報酬的確定性，所以他才大舉投入，10 億 2000 萬美元可不是小數目！如果我們只是以運氣來解釋，那就永遠解不開為何股神投資眼光如此精準這個謎題了，我認為與其怨嘆自己缺乏股神那樣的強運，還不如仔細分析股神選股背後的邏輯，站在

巨人的肩膀上,這才是提升自己最快最有效的方法。關於巴菲特投資可口可樂的分析,我推薦《巴菲特的勝券在握之道》這本書,裡面有作者詳細的解說,雖然不是出自巴菲特之口,但仍舊相當具有參考價值。

雖說股票投資有許多不確定因素,但我愈來愈有一種感覺,大部分成功的投資,其實確定性遠大於不確定性。所謂的確定性不是指公司營運狀況都是確定的,這是不可能的事情。確定性最主要指的是,因為公司護城河足夠強大,足以應付外在各種環境變化,因此預期未來持續獲利的機率很高。投資過程中當然可能會遇到各種突發狀況,然而價值投資者基於這個確定性,反而會認為股價愈跌風險愈低,潛在報酬也就愈高,所以風險和報酬是成反比的。

同時,確定性也是因人而異的,也就是說,確定性其實是主觀的,並不存在客觀的確定性,否則人人都能夠確定公司未來將持續獲利,就不會出現非常便宜的價格,也就不存在超額報酬了。某人研究之後認為某家公司未來獲利將持續提升,其他人很可能並不認同,這正是價值投資者獲利的機會,但前提是他的分析必須正確,而且能夠無畏與市場主流看法相左,堅持以自己對公司的內在評價來做投資決策。

所以真正成功的價值投資者,都是獨立思考且具有主見,不會在意市場看法,市場對他們來說,唯一的功能就是提供報價,讓他能夠透過低買高賣從中獲利。如果在決定投資一檔股票之前,心中總是充滿各種不確定性,那麼這個投資很可能不是一個好的投資;如果對於所有投資都充滿不確定性,那麼也許是自己分析不夠深入,也有可能是個性因素,使得自己無論做了多少分析,心中依然無法篤定。總之,無論原因是什麼,只要無法感受到投資的確定性,大概都不適合集中投資,分散持股可能是比較合適的策略。

　　成功的投資並不容易，也就是說不容易確定「獲利的確定性」，需要投資人花費大量心力，努力推敲出這個確定性。我有很多次經驗，即便有一個投資想法非常簡單，我還是必須花費大量心力，多方驗證，心裡才能逐漸接受這個投資想法確實可行，而且確定以當時的價格來說可以獲利。

　　以大洋 -KY（5907）為例，當初的想法非常簡單，它過去幾年雖然受到電商衝擊，造成獲利下滑，但其實並沒有表面上看起來那麼差，很大一部分其實是被公司自己胡亂投資造成的虧損所拖累。2017 年公司回歸本業，不再胡亂投資，加上所有店面幾乎都重新裝修，我判斷 2018 年獲利將會大幅回升。然而無論這些想法多麼合理，充其量也只是猜測，所以更重要的是需要找到足夠的佐證。

　　於是我當時調查產業狀況，讀了不少產業相關的文章，也調查了中國其他上市百貨公司的獲利狀況，最重要的是，我一直等到 9 月底公司門面整修完畢，觀察了整個第四季的營收數字之後，最終我才確認前面的判斷，然後非常確定以當時的價格買進，「獲利的確定性」非常高，所以大舉買進，也因此獲得相當滿意的報酬。

　　當然，也有很多時候即使花費不少心力，依舊無法達到足夠的確定性，這時候我就不會輕舉妄動，寧可錯失機會，也不要住進套房。

　　固緯（2423）主要生產電子測試儀器，是台灣創立最早且最具規模之專業電子測試儀器大廠，現今已成為台灣規模最大，產品最齊全之專業電子儀器製造廠，除了提供了國內產業界及學術教育更優質、更經濟實惠的量測解決方案外，也在全球量測儀器市場中占有一席之地。固緯以自有品牌 GW Instek 行銷全球，亦與世界知名大廠 ODM 合作。

　　我在 2017 年閱讀固緯的 2016 年年報時，看到主要銷貨客戶資料，讓我眼睛為之一亮。因為 2017 年第一季公司突然出現一個以往沒見過的大客戶，而且還立刻變成公司第一大客戶，這個客戶就是蘋果公司。我當時的想法是，固緯的產品是非常專業的電子測試儀器，這個圈子應該相當封閉，如果連蘋果都成為固緯的客戶，而且還是最大客戶，可見公司產品品質不錯，展望未來不但蘋果可能擴大下單，而且固緯產品主要是自有品牌，蘋果所帶來的廣告效益可能更大，因為其他潛在客戶本來不認識固緯，可能會因為蘋果向固緯採購而認識這個品牌，進而也向公司下單。

2.最近二年度主要銷貨客戶資料：

單位：新台幣仟元

年度 排行	104 年度				105 年度				106 年度第一季(註1)			
項目	名稱	金額	占全年度銷貨淨額比率〔%〕	與發行人之關係	名稱	金額	占全年度銷貨淨額比率〔%〕	與發行人之關係	名稱	金額	占全年度銷貨比率〔%〕	與發行人之關係
1	日本電計	171,413	7.95	無	日本電計	126,085	5.72	無	APPLE INC	61,726	10.98	無
2	Prist	84,348	3.91	無	Prist	85,409	3.87	無	日本電計	48,489	8.6	無
	其他	1,901,264	88.14	-	其他	1,994,181	90.41	-	其他	453,321	80.42	-
	銷貨淨額	2,157,025	100	-	銷貨淨額	2,205,675	100	-	銷貨淨額	563,736	100	-

圖 10-1 固緯（2423）主要銷貨客戶資料（2015～2017Q1）

資料來源：公司各年年報

　　以上就是我當時的投資想法，同樣的，想法如果沒有經過一些分析驗證，充其量只是沒有根據的猜測。我當時確實有計畫分析這個想法是否可行，但在我還沒有取得足夠的佐證，證明這個想法的確定性之前，股價已經上漲 20% 以上，再加上後來發現固緯帳上有大量存貨和應收帳款，無論是否屬於產業特性，我認為這都是扣分的因素，所以我當時不願意追高，也就擱置這個投資想法，繼續尋找其他投資機會。

以上兩個例子除了用來說明「投資的確定性」這個觀點之外，其實也展現了我投資的特性，那就是我並不隨便選擇標的來深入研究，而是在先簡單閱讀公司年報之後，思考有沒有什麼好的投資想法當成切入點。如果有，那我會從這個切入點展開來調查與深入分析，若能找出佐證，證明這個想法可行，那我就可能會投資這家公司；如果沒有想到任何可能的切入點，那我就會繼續看看下一家公司的年報，繼續尋找好的投資想法。

每個人的時間都非常寶貴，茫茫股海，如何找到好的投資機會，就看有沒有好的想法了，所以說投資其實非常需要想像力，是非常能展現創造力的工作。優秀的投資人就能創造出一個又一個美妙的投資想法，找到一個又一個好的投資機會，然後確認一個又一個獲利的確定性，接下來就是買進持有，等待收割，就這麼簡單。

投資人應該儘可能抓住多一點確定性，同時降低不確定性，再加上合理的買進價格，只要堅守紀律，長此以往，自然能夠提升勝率。但是若想進一步提升，我認為除了努力之外，還必須要有更高的眼界，畢竟在 2 樓的人，無論再怎麼努力，也看不見 10 樓能看見的風景。

• 如何打敗大盤

有一定投資資歷的人應該都知道，要長期打敗大盤是一件極具挑戰性的事情。根據統計，絕大部分投資者都無法長期打敗大盤。但即便如此，還是有非常多人願意挑戰，我恰巧也是其中之一。我的策略很簡單，既然目的是打敗大盤，那只要長期投資報酬率優於平均的幾檔個股即可。假設大盤年化報酬率是 10％，那就選擇報酬率 10％以上個股長期持有。若是能夠儘可能

在股市低迷的時候大量買入，那長期報酬率又可以更勝這個數字。所以策略的重點就是謹慎選股，並且在價格便宜的時候買進並長期持有。

這個策略當然不是完美的，但我認為至少有以下優點：

一、減少交易成本

很多人不懂交易成本對投資報酬率的影響有多大。以台股來說，買賣的時候都要付出 0.1425％的手續費，賣出的時候還要付出 0.3％的證交稅，加起來就是 0.585％的費用。有許多人喜歡炒短線，每次買進只持有幾天就賣出，我實在不了解這樣要如何戰勝這麼巨大的成本。我看過有些人，採取的策略是每天都大量進出，只要每天結算能夠獲利零點幾趴，就會感到滿意，因為他們認為只要能夠長期維持，最後累積的報酬將會非常可觀。但通常到最後，他們會覺得很奇怪，怎麼沒有累積到任何報酬？其實是有報酬，只是都交給券商和政府了。反之，長期持有的策略可以極小化交易成本，光是這點就已經比短線操作占有相當大的優勢，做生意都懂得要儘量降低成本，為什麼投資就忘了這個鐵則呢？

二、提升決策品質，減少犯錯機率

由於是集中投資，所以可集中心力研究幾檔個股，因此自然可以提升決策品質。由於是長期投資，決策次數很少，每個決策又經由深思熟慮，因此可以減少犯錯機率。投資到後來會發現，不是在比賽誰能夠做出最多厲害的事情，而是在比賽誰做的蠢事最少。就像網球業餘選手的比賽，通常不是擊出最多致勝球的那一方獲勝，而是出現最少非受迫性失誤的人能取得勝利。以前我在打羽球的時候，時常輸給實力明明比我差的對手，後來我才發現，

對方獲勝的原因只是儘可能把球打回場內，我落敗的原因則是一直想打出最貼網的小球和最厲害的殺球。在投資領域我學乖了，投資就和業餘網球或羽球比賽一樣，我相信投資人不應該追求藝高人膽大，只要能儘可能避免犯錯，長期下來就會累積可觀的優勢，因為市場裡有太多以前的我了。

三、省下大量時間

時間是非常可貴的資源。由於極少進出，也就無須盯盤，因此可以省下大量時間。將這些時間投資在閱讀和思考，一方面持續提升自身能力，同時也提升決策的品質。好的決策可以減少犯錯，少犯錯自然又省下修改錯誤的時間，於是形成正向循環。

避免將時間浪費在無意義的盯盤，或者其他無關緊要的地方，這是時間上的降低成本；減少犯錯，進而省下修正錯誤的時間，這是時間運用的提升效率。一家優秀的公司必定會努力降低成本，同時提升效率，無論是在金錢還是時間上，因為時間就是金錢，一名優秀的投資人當然也應該如此。

四、眼光放長遠，避免短視近利

既然是嚴選個股長期投資，自然是著眼於公司的長期前景。如果思考習慣於將眼光放遠，自然會避免短視近利造成的各種災難。如果本身眼光長遠，自然會選擇投資有遠見的公司，避開為了短期利益而犧牲長期利益的公司，如此找到好公司的機率又進一步提升。我總覺得一般人過於重視短期報酬，就像一個人走路眼睛只盯著腳下，不但看不見前方不遠處地上的黃金，也看不到自己即將撞上電線桿，避開了豐厚的報酬，卻迎著風險撞上去。一個人如果能看遠一點，視野開闊一點，就能同時看清楚風險和報酬，然後選擇低

風險高報酬的投資，避開高風險低報酬的標的。

五、心情平靜

如果買進標的時，功課做得很充分，對於公司競爭力有信心，就能避免心情隨著股價波動而起伏。只有在心平氣和的情況下，才有可能做出正確的決策，然後自然能夠提高勝率。這應該是這整個策略最重要的一環。很多人喜歡說投資是一場零和遊戲，有人贏就有人輸，言下之意似乎是投資是和其他人的一場競賽，但其實投資通常都是輸給自己的，沒有人會逼你買進或賣出某檔標的，也沒有人在跟你比賽績效，我們做的事情只是尋找被低估的好公司，除了客觀理性的分析，唯一的競賽，只有如何提升自己，以及不要輸給自己的心魔罷了。說穿了投資其實是一場自我修煉，如何維持內心波瀾不驚，可能是最重要的課題。

這個策略最大的重點就在於，明智運用寶貴的時間，一個人如何運用時間，長期來說，就大致決定了未來的成就。很多人以為要擊敗大盤，就必須做更多的交易，儘量賺到多一點的波段，然而他們都忽略了，這樣的策略無可避免地會將寶貴的時間分散在眾多其實不是太好的機會上，而且心思大部分都會放在股價，而不是公司本身。

投資人最大的問題，就是把寶貴的時間投資在無法獲得提升的領域，長久下來，這會是一筆損失慘重的投資。反之，如果能夠儘可能的降低交易頻率，把時間投入在閱讀和思考，努力提升自己的能力和眼界，久而久之，功力就會累積，當其他人還在一樓交易大廳殺進殺出的時候，我們已經一層層地往上爬。當投資人登上愈高的樓層，就會發現不一樣的風景，這時候即使目標不變，仍舊只是想著投資每年能夠提供 10% 以上的標的，但隨著自己眼

界的提升，最後會發現自己手中的持股，能夠創造的獲利遠遠不僅於此。

把時間投資給自己，把資金投資給優秀的公司，一段時間之後就會發現，不但有形的資產逐漸累積，自身無形的知識、格局和視野都會跟著提升，這才是最成功的投資。畢竟花費了大量寶貴的時間，如果只是獲得金錢上的報酬，還是不太划算！

• 投資的眼界

做價值投資 6 年了，期間一直不停學習投資的各種技術層面，包含閱讀財報、學習產業相關知識、辨識公司的護城河乃至於對企業的估值等等。也了解要成為成功投資人需要具備的心理層面，例如理性、耐心、獨立思考以及敢於反向投資等等。

我認為前者大致能夠透過不斷學習而提升，後者大致是個性使然，不容易透過刻意學習而改變。那麼假設有兩個人都具有相同的投資技術，以及強大的心理素質，起始資金也完全相同，20 年後兩人累積的投資報酬率是否也會很相近呢？雖然這只是一個假想實驗，可能也沒有標準答案，但我相信答案應該是否定的，甚至最後的結果很有可能出現巨大差距。為什麼呢？

其中一個可能的原因是運氣。不可否認，投資的運氣成分頗重，也許其中一人某重倉持股發生完全無法預料的重大災難，例如廠房發生大火，或者強而有力的領導人意外過世，導致持股產生重大虧損。雖然探討運氣成分也是個有趣的題目，但這裡我想談的不是運氣，而是另一個可能造成差距的原因，那就是「投資的眼界」，或者一般人可能會說「眼光是否精準？」但我

更喜歡用眼界這個詞。

必須澄清一點，我並不認為投資績效是評判眼界高低的唯一標準，但它可能是唯一可以量化的標準，為了說明觀點，這裡就姑且用長期的投資績效來論英雄吧。什麼是投資的眼界？我認為就是可以看出一般人看不出的價值。

舉例來說，先前提到巴菲特早期投資可口可樂，買進的價格一點都不便宜，但是他看出公司擁有極強大的品牌價值，甚至可以據此估算出公司真實的內在價值遠高於當時的價格。也許一般人也了解可口可樂有一定的品牌價值，但是我認為巴菲特眼界更高的地方就在於，他比一般人看得更清楚，他知道這個品牌價值非常巨大，巨大到值得用當時看來相當貴的價格買進。

巴菲特在 1988 年花了 10 個月的時間持續買進可口可樂的股票，最後可口可樂占了波克夏普通股投資組合的 35％，這是多麼大的手筆。如果說大家都看得出可口可樂的品牌價值，那為何只有巴菲特敢在當時以各種量化指標衡量都不便宜的情況下，下重手買進，並且長抱數十年，創造了巨大的利潤。有人或許會說是運氣，但考量巴菲特長期持續的成功，我認為這絕對不是運氣，而是其過人的眼界和膽識。

再回到前面假想的那兩人。為了討論方便，假設兩人都把所有資金投資在一家他們研究最深入，前景最看好的公司。兩家公司後續發展也大致符合兩人預期，而且由於兩人都嚴格遵守安全邊際的原則，承受的風險都不高，結果一人 10 年賺了 3 倍，另一人 10 年賺了 10 倍，為何會有這樣的差距呢？我們永遠可以用運氣解釋，但我認為很可能還是和兩人的眼界不同有關。就好比一人是在一般大樓 10 樓看周遭世界，另一人則是在台北 101 的頂樓，

後者肯定比前者看得更遠，層面也更廣，這就是不同的眼界，造就了不同的境界。

以我來說，我這幾年的投資在眼界上確實有所提升，如何證明呢？其中一個證據是，現在能夠讓我看得上眼的標的愈來愈少了。許多以往我可能認為不錯的投資機會，現在看來都不再滿意，也因此我的交易頻率愈來愈低，投資愈來愈集中，對於看好的標的敢於下重注，對於不是特別好的機會，則一毛也不願意投入。

以前我覺得找到一檔價值被低估 20％的個股就非常滿意，現在如果沒有低估 50％以上，大概不會願意投入，這不是因為自己更貪心了，最主要還是以往總覺得找不到安全邊際這樣大的機會，現在發現其實一直都存在，只是以往自己的眼界太低，沒有發覺罷了。雖然有這些進步，但絕對不代表我已經爬上頂峰，剛好相反，我認為自己只不過是從兩三樓那麼高，往上爬到四五樓的高度罷了，離我的目標 101 頂樓還非常遙遠，如果未來我可以 1 年爬兩層樓，或許 50 年內可以達成。

是什麼因素決定了眼界高低呢？當然一個人的知識和經驗一定會有影響，但我認為更深層次的因素取決於一個人的悟性，或者某種程度也可以說是一種天分。愛因斯坦為何能夠幾乎獨立完成許多不可思議的物理理論，不在於他數理的技術層面有多強，而是他總能看出一般人無法看出的深刻洞見，這是一種對自然的強大悟性。

NBA 頂尖明星除了扎實的技術層面與強大的心理素質之外，更重要的是對比賽的解讀能力，這也是一種強大的悟性。這些例子或許都可以說是一種至高的境界，我認為每個人或許可以透過努力而達到某種境界，但是終究

有個極限，所以也可以說是悟性限制了能夠達到的極限。悟性是一個很難說明白的事情，為什麼愛因斯坦說想像力比知識更重要，其實想像力也是一種悟性，許多大師都提過想像力對於投資的重要性。所以說投資的眼界縱然和一個人的知識與經驗有關，然而能達到何種境界，更大程度取決於一個人的悟性。那麼要如何提升自己的悟性呢？愛因斯坦時常在腦海裡面做各種想像實驗，許多頂尖的運動選手也會在腦海裡想像比賽場景，我認為投資也應該這麼做。當我們研究一家公司的各種層面到一定的深度之後，我們應該時常閉上眼睛，努力想像公司 10 年後甚至 20 年後的各種可能性。當一個人習慣這麼做之後，他的投資眼界一定會不一樣，所能夠達到的境界也就不同了。

當然，我們不需要成為愛因斯坦或者巴菲特，以前我剛開始做物理學術研究的時候，我以為自己是第二個愛因斯坦，後來我才發現自己是做苦工的。現在轉換到投資領域，一開始我也以為自己是巴菲特第二，結果發現自己還是做苦工的。其實做苦工沒什麼不好，物理研究做不出最具有創造力的發明，做有意義的苦工也是非常有價值的，投資領域無法達到像巴菲特那樣高的眼界，在底層做苦工一樣可以獲得不錯的績效，也一樣可以獲得滿足感。

我們不需要非得達到最高的境界不可，執著於最高境界這樣的人生太痛苦了，以前有一個學術界的前輩說他立志成為二流人才，這真的是一個相當不錯的志向。前面說我的目標是台北 101 頂樓，各位千萬不要誤會這是最高境界，這只不過是我自己設定的一個小小目標，是有機會達到的，至少我沒有設定要登上聖母峰，因為我有自知之明，我還是登上虎頭山就好了。

但另一方面，千萬不要一開始就畫地自限，認為自己頂多只能達到某種程度，也許當我真的登上 101 頂樓，我又會想繼續登上 102 頂樓。我認為人若能夠持續在某個領域向上提升，本身就是一件非常開心的事情，就像我小

時候玩電動玩具，總是希望持續挑戰更難的關卡，每次某款遊戲破關之後，雖然感到頗有成就感，但也會帶有些許失落，因為我還希望有更多關卡可以挑戰。現在投資這件事情，滿足了我小時候的夢想，因為我對於投資有極大熱情，永遠都有挑戰不完的關卡，而且能夠挑戰的層面更廣，因為投資就是一場修煉，我很想知道自己有多少能耐，最後能夠達到怎麼樣的境界。

《老殘遊記》裡面有一段描述王小玉說書的段子：

王小玉便啟朱唇，發皓齒，唱了幾句書兒。聲音初不甚大，祇覺入耳有說不出來的妙境：五臟六腑裡，像熨斗熨過，無一處不伏貼；三萬六千個毛孔，像吃了人參果，無一個毛孔不暢快。唱了十數句之後，漸漸地愈唱愈高，忽然拔了一個尖兒，像一線鋼絲拋入天際，不禁暗暗叫絕。哪知他於那極高的地方，尚能回環轉折。幾轉之後，又高一層，接連有三四疊，節節高起。恍如由傲來峰西面攀登泰山的景象：初看傲來峰削壁千仞，以為上與天通；及至翻到傲來峰頂，才見扇子崖更在傲來峰上；及至翻到扇子崖，又見南天門更在扇子崖上：愈翻愈險，愈險愈奇。

價值投資就像登山一樣，隨著達到的高度不同，看到的風景也會有所不同。巴菲特從早期專門尋找波克夏這類煙屁股公司，到後來首次願意花費帳面價值數倍的價格買進喜詩糖果（See's Candies），以至於後來投資可口樂、美國運通、亨氏公司（Heinz），直到近期大舉投資美國四大航空公司和蘋果公司，每一段時期看到的風景都不同，每一筆投資背後的故事也不一樣，但是始終不變的是巴菲特即使已經高齡88歲，依舊持續進化，甚至因為波克夏公司規模實在太過龐大，能夠買進的標的愈來愈少，已經到了高處不勝寒的地步。

牛頓曾說:「如果我看得比別人遠,那是因為我站在巨人的肩膀上。」我們如果能夠站在葛拉漢和巴菲特等巨人的肩上,就有機會看得比別人遠。當然,要爬上巨人的肩膀,本身就是一個挑戰,但一旦爬上去,整個胸懷和視野都會完全不同。我們或許應該慶幸自己還有非常大的成長空間,未來可以持續登高望遠,親身經歷這些美景。

最後,讓我再次引用王國維人間詞話裡面我最喜歡的一段文字,與大家共勉之。

古今之成大事業、大學問者,必經過三種之境界:

「昨夜西風凋碧樹。獨上高樓,望盡天涯路。」此第一境界也。

「衣帶漸寬終不悔,為伊消得人憔悴。」此第二境界也。

「眾裡尋他千百度,驀然回首,那人卻在,燈火闌珊處。」此第三境界也。

台灣廣廈 國際出版集團
Taiwan Mansion International Group

國家圖書館出版品預行編目資料

當物理博士遇上巴菲特的價值投資哲學：不看盤、不看線、不追籌碼的極簡
股票投資/ 巫明帆 著，-- 初版.-- 新北市：財經傳訊, 2018.08
　　面；　公分.--（view；32）
ISBN 978-986-130-401-4（平裝）
1.股票投資　2.投資分析　3.基本分析
563.5　　　　　　　　　　　　　　　　　　　　　　　107011377

財經傳訊
TIME & MONEY

當物理博士遇上巴菲特的價值投資哲學

不看盤、不看線、不追籌碼的極簡股票投資

作　　　者／巫明帆	編輯中心／第五編輯室
	編 輯 長／方宗廉
	封面設計／十六設計有限公司
	製版・印刷・裝訂／東豪・弼聖・紘億・秉成

行企研發中心總監／陳冠蒨　　整合行銷組／陳宜鈴
媒體公關組／陳柔彣　　　　　綜合業務組／何欣穎

發 行 人／江媛珍
法律顧問／第一國際法律事務所 余淑杏律師・北辰著作權事務所 蕭雄淋律師
出　　版／台灣廣廈有聲圖書有限公司
　　　　　地址：新北市235中和區中山路二段359巷7號2樓
　　　　　電話：（886）2-2225-5777・傳真：（886）2-2225-8052

全球總經銷／知遠文化事業有限公司
　　　　　地址：新北市222深坑區北深路三段155巷25號5樓
　　　　　電話：（886）2-2664-8800・傳真：（886）2-2664-8801
　　　　　網址：www.booknews.com.tw （博訊書網）
郵 政 劃 撥／劃撥帳號：18836722
　　　　　劃撥戶名：知遠文化事業有限公司（※單次購書金額未達500元，請另付60元郵資。）

■ 出版日期：2018年8月初版　　2019年12月5刷
ISBN：978-986-130-401-4